大腦需要
叛逆期

事情陷入僵局？推翻固有思路，
嘗試不按牌理出牌，就能收獲
意想不到的成功！

U0075446

因為害怕失敗，所以決定不嘗試？

經盡了力，卻在成功前抽身走掉？

人都說那樣做不對，你只好也打退堂鼓？

要擁有美好人生，就要懂得「想對」事情，

受慣性思維所局限，讓我們把不必要的煩惱統統踢開！

目錄

目錄

第3章　沒有做不到，只有想不到

第4章　膽有多大，路有多寬

第5章 腦袋決定口袋，思路決定財路

第6章 換個方法做人，換個手段做事

目錄

第 9 章　好性格，好命運

目錄 ——————————————————

前言

不知你在生活中是否聽身邊的人說過「做人難」、「辦事難」這樣的話。他們之所以有這種說法，就是因為在目前的生活狀態之下，沒有找對思路，事情自然就做不好。這時就需要我們動腦，打破常規思路，勇敢在沒有路的地方走出一條新路來，這樣才能在人生路途中把事情做對。

一個人要想成為強者，直面人生旅程中的諸多挑戰，就必須要跟隨時代的節奏去行動，學會摒棄陳舊的思想，運用全新的思路和方法。這樣才能跟上時代的步伐，迎接新時代的挑戰。

兩個人同時望向鐵窗，一個人看到鐵窗上的泥土，一個人看到窗外的星星。生活在同樣一個世界裡的人，有的人一直生活在苦惱和貧困之中，而有的人卻過著幸福、快樂、富有的生活。這是什麼原因呢？其實，人與人之間根本沒有多大區別，只是因為思路不同，看問題的角度不同，解決問題的方法不同，導致了天壤之別的出路。

世界上有很多事情，都因不同的思路，而造就了不同的出路。那些始終用正確思路去思考人生的人最終會走向成功。而那些總是用陳舊思路去看待和思考問題的人必定會走向失敗。我們擁有許多改變人生的機會，能否成功的關鍵在於你的頭腦中是否有正確的思路並決心為之付出努力。在困難面前，採取

前言

　　不同的思路，會有不同的結果。那些在逆境中能熱情投入、大膽突破的人，往往更容易找到出路，邁向成功。

　　當路走不通時，不要一味頑固，而是要變換思路，要改變陳舊的觀念，打破世俗的牢籠。勇於改變才能創新，而只有創新，才能讓成功持久。對於創新來說，最重要的不是知識，而是思路。

　　思路決定出路。思路的改變就是命運的改變！朋友們，千萬不要因為陳舊的思路而使自己成為一個失敗者。讓我們從現在開始，無論在什麼情況下都保持良好的心態和正確的思維模式，讓整個身心都充滿勇氣和智慧，從而發揮自己的最大的潛能，高效解決擺在面前的各種問題。

　　只有思路創新才有出路。成功的喜悅從來都是屬於那些思路創新、不落俗套的人。本書匯聚了大量關於成功的思路和尋找思路的策略，從人們的觀念、心態、性格、做人做事、生活習慣等各個方面進行剖析，並提出了針對「思路突破」──謀求發展與成功的正確思路，帶領讀者突破思路、尋找思路，進而做對事。

第 1 章
思路決定出路，觀念改變人生

同樣是半杯水，有人說杯子是半空的，也有人則說杯子是半滿的。水沒有變，不同的只是人的觀念。有什麼樣的觀念，就有什麼樣的人生。觀念是思想意識，是客觀事物在人腦裡留下的概括形象。

敢冒險，才可能成功

　　在我們的人生路上，總會經歷無數的選擇，在每一個決定人生去向的轉捩點，都有著很大的風險。雖然眼前可能有幾條路，可選擇哪一條都是一種冒險，一種嘗試。如果選擇原地不動，就等於放棄，等於失敗。只有走出去，才會有收穫，才會進步。

　　很多人都有貪圖安逸，墨守成規的習慣，殊不知這是成功路上最大的絆腳石。養成了這種習慣，意味著你主觀上對成功的放棄，要麼半途而廢，一事無成；要麼小有成就而沾沾自喜，成就不了大業，選擇一條平庸之路走到人生的盡頭，永遠也不能成為「人上人」。與此相反，一個有冒險勇氣的人，一個具有克服恐懼的力量的人才能成就一切。

　　摩根（J. P. Morgan）20 歲時，在德國的哥延根大學完成了學業，不久便到紐約華爾街的鄧肯商行去當學徒。有一次，他去古巴的哈瓦那為老闆採購了魚、蝦、砂糖等貨物，當輪船停泊在新奧爾良港口時，一位船長拉著摩根去酒館談生意，原來船長從巴西運來一船咖啡，但買主臨時出了變故，只好自己推銷。只要有人願意出現金，他將半價出售。摩根考慮了一會，決定買下咖啡。他的朋友都勸他要小心謹慎，因為船裡的貨品與樣品不一定一致，另外曾經發生過很多次船員欺騙買主的事。摩根卻決定冒險賭上一把，買下了大量咖啡。幸運的是，

敢冒險，才可能成功

在他買下咖啡不久，巴西咖啡受寒減產，價格大幅度上漲，摩根因此大賺一筆。後來摩根更加沉迷冒險投機的買賣，從小商品到食品，從黃金到軍火，只要有利可圖，便迎頭而上。摩根一生冒了無數次風險，這也為他帶來了豐厚的回報。

發明家往往要做千萬次的實驗，才能獲得一次成功，而正是這千萬分之一的機會，值得人們為它嘔心瀝血。對發明家來說那些失敗只不過是黎明來臨之前的黑暗，終究會消失在曙光中。世界上任何領域的一流高手，都是靠著勇敢面對新事物，冒險犯難，最終出人頭地。生活中，似乎隱藏著這樣一條不成文的規矩：處處小心謹慎，則難以有成，沒有冒險的精神，夢想永遠只能是夢想。捨棄一時的安逸，才能享受燦爛的人生。

1998 年，在溫布頓舉行的網球錦標賽女子組半決賽中，16 歲的南斯拉夫女選手塞萊絲與美國女選手津娜‧加里森對壘。隨著比賽的進行，人們發現，塞萊絲的最大對手並非加里森，而是她自己。賽後，塞萊絲垂頭喪氣說道：「這場比賽中雙方的實力太接近了，我總是穩扎穩打，只敢打安全球，而不敢輕易向對方進攻，甚至在津娜‧加里森第二次發球時，我還是不敢扣球取勝。」而津娜‧加里森卻恰恰相反，她不只打安全球。「我暗下決心，鼓勵自己要敢於險中求勝。」津娜‧加里森賽後談道，「即使失了分，我至少也知道自己是盡了力的。」結果，加里森在比賽中先是領先，繼而勝了第一局，接著又勝了一盤，最終贏得了全場比賽。

人生應該勇敢冒險，只有發揮冒險的精神，你才能比你想像的做得更多更好。在冒險的過程中，你能使自己平淡的生活變成激動人心的探險歷程，這種歷程會不斷向你提出挑戰，也會不斷使你有活力去面對下一個難關。

　　利奧・巴斯卡利雅（Leo Buscaglia）曾經說過：「有希望就有失望的風險」，但是不嘗試如何有收穫？不嘗試怎麼有進步？不去嘗試也許可以免於受挫折，但也失去了學習或愛的機會。一個把自己陷入牢籠的人，是生活的奴隸，無異於喪失了生活的自由。只有勇於嘗試的人，才能擁有生活的自由，才能衝破人生的難關。

不要給自己設限

　　在英國倫敦市區，施工人員為開拓一條新路，拆掉許多年代久遠的樓房。由於後繼行動沒有跟上，工期拖延了較長的時間，舊樓址一直沉寂在那裡，任憑風吹日曬雨淋。這一天天氣晴朗，一批植物學家路過這裡，驚奇發現長年不見天日的地上，居然冒出一簇簇奇花異草。

　　經過仔細審視，植物學家確定花草為地中海沿岸國家特有，從未在英國大地上展現姿色。那些植物的種子如何跨洋來到這裡，又是怎樣破土而出的呢？排除一個個假設，植物學家做出一個合理的解釋，就是這些樓房是古羅馬人從前攻占倫敦

時建造的，那些種子也是那時由他們帶到這裡的。

被埋沒了千百年，花草的種子並未喪失生機，依然期待著破土而出的一天。一旦搬開壓在上面的磚頭石塊，得到陽光雨露的滋潤，它們又都振奮起精神，為大地營造出一簇簇的芳華。人生若能像種子一樣頑強，必能熬過被埋沒壓抑的日子，迎來姹紫嫣紅的一天。

在麻省理工學院的一塊園地，科學研究人員進行一項耐人尋味的實驗。他們給一個正在發育的南瓜箍上一道道鐵圈，測試其承受壓力的能力究竟有多大。實驗之初，人們期待南瓜承受壓力的極限是 500 磅。實驗進行至一個月，南瓜承受壓力達到預期的指標，可它依舊安然無恙。又過了一個月，南瓜承受的壓力達到 1,500 磅，它仍在頑強生存著。當南瓜承受的壓力達到 2,000 磅時，科學研究人員不得不對鐵圈加固，以免被南瓜弄斷。實驗進行到最後，南瓜承受的壓力突破 5,000 磅，達到人們期待值的 10 倍，才超越極限破裂。

科學研究人員拿掉那些鐵圈，用力將南瓜掰開，發現裡邊布滿堅韌的植物纖維，已經不能食用。與此同時，為了吸收足夠的能量抵禦鐵箍的限制，它的根異常發達向外擴張，最遠的已伸展到實驗園地的邊緣。

人生總要承受壓力，難免會遇困難，只要有堅定的意志和信念，充分發揮內在的潛能，利用現有的環境或條件，就一定

能夠像被緊箍的南瓜——樣，累積並釋放出超乎想像的能量。

　　專家以跳蚤為實驗對象，進行科學實驗。具體做法是把跳蚤放到桌子上，拍桌子它就彈射而起，每一次的高度都在身高的 100 倍以上。緊接著，他們把跳蚤放到一個玻璃罩中，讓它每跳一次就撞一下玻璃罩。連續嘗試多次，跳蚤自然而然就接受了限制，從而將起跳的高度降到玻璃罩以下。

　　專家繼續實驗，逐步降低玻璃罩的高度，跳蚤在一次次碰壁後，都會主動改變彈跳的高度，以適應所處的環境。最後，玻璃罩低到接近桌而，跳蚤就無法再跳了。專家把玻璃罩移開，這時再拍桌子，跳蚤就不會起跳了。對於跳蚤做出的這種反應，可以稱之為自我設限，也不妨叫做玻璃罩現象。

　　另一批專家進行的實驗，也能說明同樣的道理。他們用一塊透明的擋板把水族箱從中間隔開，將飢餓的鱷魚和一些小魚分別放在兩邊。見到那些游動的小魚，鱷魚毫不猶豫地發動攻擊，結果未能如願以償。轉瞬之間，鱷魚又發動更猛烈的攻勢，以致撞得頭破血流。

　　就這樣一次次的出擊，——次次的碰壁，直到徹底絕望，那條鱷魚便停止了嘗試。這時專家將那塊擋板抽掉，鱷魚依舊一動也不動。眼看著小魚在眼皮子底下游來游去，牠失去知覺似的潛伏在那裡，直到餓死也沒再發動攻擊。這也是一種自我設限，也可以稱之為透明板現象。

不要給自己設限

　　兩項實驗有異曲同工之妙，分別印證了一個道理，就是人的潛意識會形成一個玻璃罩，抑或一塊透明板。由於曾經碰到過玻璃罩，或撞到過透明擋板，便放棄了至關重要的嘗試。本來可以有所作為，錯過許多可能把握的機會，未能達到應有的高度，實在是令人惋惜。

　　一場火災突如其來，康納不幸被燒成重傷。經醫生全力搶救，生命脫離了危險，下半身卻喪失知覺。出院的時候，醫生悄悄告訴康納的母親，說他這輩子離不開輪椅了。母親非常難過，只好把痛苦埋藏在心底，每天照料康納的起居，還定時帶他到院子裡呼吸新鮮空氣。

　　一次，母親把輪椅推到院子裡，吩咐康納自己在外面放風，就回屋做事了。仰望碧空如洗的藍天，感受微風輕柔的撫摸，又見那滿園姹紫嫣紅的春色，康納的胸襟豁然開朗起來，感到有一股強烈的衝動自心底湧起，我一定要站起來！

　　康納掙扎著擺脫輪椅，拖著癱腿用雙肘在草地上爬行。就那麼一寸寸匍匐，磨蹭移動著身體，他終於移到了柵欄邊。喘息片刻，他一把抓住柵欄，竭盡全力使身子直立起來，再借助柵欄嘗試橫向移動。畢竟手臂的力量不及大腿，每動一下都累得滿頭大汗，他不得不停卜來喘口氣，然後咬緊牙關再試，直至挪動到柵欄的盡頭。

　　從這一天開始，康納和母親達成一種默契，每天都要摸著

柵欄練習走路。就這麼日復一日堅持，他的雙腿始終沒有一點感覺。然而在康納的心裡，燃燒著重新站立起來的迫切願望，所以他不可能氣餒，而是全力以赴與命運抗爭。

自從燒傷以後，康納的下肢一直毫無知覺。這天早晨，他雙手攀著柵欄向一旁邊移動，突然感到雙腿一陣錐心的疼痛。他心頭為之一震，懷疑那是一種錯覺。又試著挪動兩步，再次體驗了那種劇烈的疼痛。伴隨著一種悲壯的感覺，重新站立起來的希望已迎面而來。

自從下肢恢復知覺，康納每天鍛煉更加起勁，效果也一天比 —— 天明顯。先是能慢慢站起來，勉強扶著柵欄走幾步。不久就可以獨立行走，繼而連跑步都不成問題了。生活又回到正常的軌道，康納重返學校讀書，看上去和其他同學沒什麼兩樣。考入大學之後，他成為學校田徑隊的優秀隊員，付出了超人的努力，奇蹟般的跑出了當時世界最好的成績。

我們都喜歡給自己設限，不是我們做不到，而是我們阻礙自己去實現。

讓野心和欲望成為前進的動力

一個人若想獲得成功，首先就要有獲得成功的野心和欲望。而這一點恰恰是很多人所欠缺的，也是被許多人所忽視的。只有敢想敢做，才有可能走向成功之道。

巴拉昂是一位年輕的媒體大亨，在不到十年的時間裡，迅速躋身於法國 50 大富翁之列，1998 年因前列腺癌在法國博比尼醫院去世。臨終前，他留下遺囑，把他 4.4 億法郎的股份捐獻給博比尼醫院，用於前列腺癌的研究；另外 100 萬法郎作為獎金，給揭開貧窮之謎的人。

巴拉昂去世後，法國《科西嘉人報》刊登了他的一份遺囑。他說：「我曾是一個窮人，去世時卻是以富人的身分走進天堂的。在跨入天堂的門檻之前，我不想把我成為富人的祕訣帶走，現在祕訣就鎖在法蘭西中央銀行我的一個私人保險箱內，保險箱的三把鑰匙在我的律師和兩位代理人手中。誰若能回答窮人最缺少的是什麼而猜中我的祕訣，他將得到我的祝賀。當然，那時我已無法從墓穴中伸出雙手為他的睿智而歡呼，但是他可以從保險箱裡榮幸拿走 100 萬法郎，那就是我給予他的掌聲。」

遺囑刊出之後，《科西嘉人報》收到大量的信件，有的罵巴拉昂瘋了，有的說《科西嘉人報》為提升發行量在炒作，但是多數人還是寄來了自己的答案。絕大部分人認為，窮人最缺少的是金錢，窮人還能缺什麼？當然是錢了，有了錢，就不再

第 1 章　思路決定出路，觀念改變人生

是窮人了。還有一部分人認為，窮人最缺少的是機會。一些人之所以窮，就是因為沒遇到好時機，股票瘋漲前沒有買進，股票瘋漲後沒有拋出。另一部分人認為，窮人最缺少的是技能。現在能迅速致富的都是有一技之長的人，人之所以成了窮人，就是因為學無所長。還有的人認為，窮人最缺少的是幫助和關愛。每個黨派在上臺前，都給失業者大量的許諾，然而上臺後真正愛他們的又有幾個？另外還有一些其他的答案，五花八門，應有盡有。

巴拉昂逝世週年紀念日，律師和代理人按巴拉昂生前的交代在公證部門的監督下打開了保險箱，在 48,541 封來信中，有一位叫蒂勒的小姑娘猜對了巴拉昂的祕訣。蒂勒和巴拉昂都認為窮人最缺少的是野心，即成為富人的野心。在頒獎之日，《科西嘉人報》帶著所有人的好奇，問年僅 9 歲的蒂勒，為什麼想到是野心，而不是其他的。蒂勒說：「每次，我姐姐把她的男朋友帶回家時，總是警告我說不要有野心！不要有野心！我想也許野心可以讓人得到自己想得到的東西。」

巴拉昂的謎底和蒂勒的問答上報後，引起不小的騷動，這種騷動甚至超出法國，波及到世界各個地方。後來電臺就此話題採訪了好萊塢的新貴和其他行業幾位年輕的富翁，他們都毫不掩飾承認，野心是所有奇蹟的萌芽點，是永恆的特效藥。人之所以貧窮，大多是因為他們有一種無可救藥的弱點，那就

是缺乏野心，沒有想要成功的強大願望。因此它們錯過了改變人生的機會。強大的野心和強烈的欲望可以使人施展全部的力量，盡力而為就是自我超越，那比做得好還重要。當你有足夠強烈的欲望去改變自己命運的時候，所有的困難都會為你讓路，欲望有多大，就能克服多大的困難，就能戰勝多大的阻撓。你完全可以挖掘生命中巨大的能量，激發成功的欲望，把欲望變成你成功的力量。

態度決定高度

一杯水，如果放著不喝，不久就會變臭。同樣，一個經營得很好的商店，店主如果不時刻做更好更新的改進，他的經營也必定會逐漸落伍。

成功者的特徵，就是他能追求進步。他深懼退步，害怕墮落，因此總是自強不息力求改進。

一件事做到某一個階段，絕不可停止，而應該繼續努力，以達到更高的高度。一個人在事業上自以為滿足而不再追求進步時，便是他的事業由盛轉衰的開始。

每天早晨，我們都應該下定決心：力求在業務上做得更好，比昨天有所進步，而晚上下班時，一切都應安排得比昨天更好。堅持這樣做的人，在短期之內其事業必定有不錯的成就。

一個想成就大業的人，必須常和外界接觸，常和其競爭者

接觸，前往店鋪、商場、展覽會以及一切管理良好的機構團體
參觀訪問，借鑑新的有效管理方法。

美國芝加哥有一個成功的零售商，他利用一個星期的假
期，參訪國內的大商場，由此他得到了改良自己商場的辦法。
在此之後，他便每年到東部旅行，專門去研究大規模商場的銷
售和管理方法。他認為這樣的參觀是必要的。否則墨守成規、
一成不變的經營，必定會走向失敗。

那個商人說，他的商場經過幾番改進後和以前大不相同
了。以前從未注意的缺點，比如貨品的擺設不能吸引顧客、雇
員工作的不認真等等，參觀優秀同業者後，自己的缺點便凸顯
出來，引起他的重視。他開始大刀闊斧調整，比如改變櫥櫃的
陳列、辭退不負責任的雇員等等，這麼做以後，店內的氣象就
此煥然一新。

一個從不出自己店鋪的大門、不和別人及別的商店溝通的
人，對於自己商店中的經營狀況、店員的缺點，往往對各種問
題都難以察覺。要使自己的店鋪生意興隆，唯一的方法就是經
常去看看同行的做法，與同行溝通交流，可以作為改進的借鑑。

人的身體之所以能保持健康活潑，是因為人體的血液時刻
在循環更新。同樣，從事商業的人，應該時常吸收先進的思
想，獲得改進的方法。如此他的事業才能一天一天發展起來，
直至成功。

態度決定高度

只有才能出眾的人，才會領悟到時刻改進的巨大價值，才會用客觀的態度，去觀察別人的優點，反省自己的缺陷，以求得改進。

那些總是安於現狀的人，必定會走入失敗的迷途。他們往往對現實狀況心滿意足，對存在的缺陷又毫無察覺。對於這種種缺陷，如果不轉換自己的環境，是絕對發現不了的。

一個旅館的經理，在他踏進另一家旅館的那瞬間，便注意到許多應該加以改進的事情。他在很短時間內所看到值得改良之處，一定要比那旅館終年不外出的主人在一年之內看到的更多。

如果把這句話掛在自己的辦公室裡，一定會有勉勵的功效：「今天我應該在哪裡改進我的不足？」

大多數人的弊病是，他們認為要改進自己的事業必須是整體改進。他們不知道改進的唯一祕訣，乃是隨時隨地求改進，在小事上求改進。正所謂大處著眼，小處著手。其實也只有隨時隨地地求改進，才能收穫最後的成效。

拿出勇氣，挑戰自我

在這個世界上，十全十美的人是不存在的，每個人都會有缺點。有些人不敢正視自己的缺點，總是想辦法遮掩、逃避，害怕別人笑話。其實這樣做反而會使人感到虛偽，讓別人不願意與你交往而遠離你。正確的方法是坦然面對自己的缺點，敢於挑戰自我，你就可以突破自己，成為真正的贏家。

有一個男孩，在一次聚會中，被一個女孩溫柔的話語吸引了。儘管女孩子相貌平平，但女孩子多才多藝給男孩留下了難以忘懷的第一印象，使他陷入了無法自拔的單相思。男孩心想自己身材矮小，相貌一般，又沒有出眾的才華，憑什麼去追這樣的女孩？經過一番思考，男孩寄給她一封情書，但信都已經寄出去一個多月了，仍然杳無音訊，他的心猶如被冷水潑。在希望即將破滅之際，一個偶然的機會，男孩知道了她的電話號碼。為了這次電話他不知道在內心掙扎了多少次，但他最終鼓起勇氣，拿起話筒，電話終於有人接了，她的聲音出現在話筒裡，是那樣的溫柔，而男孩原先準備的「臺詞」此刻一點也派不上用場。怎麼辦呢？男孩還是逼自己至少跟她聊上五分鐘。五分鐘過去了，他們還沒有放下話筒，聊的不外乎是生活、學習上的一些瑣事。就這樣，每個週末他們透過電話線來拉近彼此的心，加深彼此的了解。

後來，男孩終於跟她約會了，度過了一個美妙的夜晚。

男孩敢於正視自己的缺點，並勇於突破自我，他的努力得到了回報，他贏得了他的初戀。人生就應該這樣，如果連自己都突破不了，那麼還會有什麼作為呢？我們應該勇於面對自身的缺點，挑戰自我。你離成功就會越來越近。

影響一個人成功的缺點很多，需要突破、的也很多。首要的缺點就是不敢與人交往。不敢與人交往可能是存在自卑心理，在現代社會這就成為阻礙一個人發展的關鍵。面對競爭激烈的社會，要想有所發展，就一定要樹立自信心，要敢於與陌生人談話。為了能適應與不熟識的各類人打交道，在踏入社會之初就應該多參加社會活動，從中接觸到各式各樣的人，那麼這種自卑的心理就會逐漸消失，相應的自信心也就會自然而然增強。不敢在人前丟臉也是一種不良習慣。人的許多毛病或不良習慣可能是從小形成的，也許正是這些不良習慣，讓我們與成功絕緣。害怕丟臉，就永遠沒有機會成功。其實展示自我沒有什麼大不了的，醜媳婦總得見公婆，只要敢於走出這第一步，你就會擺脫這種陰影，你會越來越自信了。

換個角度考慮問題

在現實生活中，當人們遇到瓶頸問題而一籌莫展時，如果能換個角度考慮問題，情況就會有改變，問題也會迎刃而解。

有些經歷失敗的人，每逢挫折時總是武斷認為自己的能力有限，而不去開啟就在眼前的另一扇窗戶，看不到機會其實就在眼前，結果錯失良機。因而走向失敗的人，其實是因為喪失了一個又一個的機會，才讓人生道路艱難而淒苦。倘若能夠換個立場考慮問題，情況就會改觀。

一個年輕的媽媽想對剛買的嬰兒床改造，使它能和自己的大床並在一起，這樣就可以省去夜裡的擔心和麻煩。結果在拆除小床的護欄時遇到了麻煩。她想保留一個可以上下伸縮的護欄，而拆除那個固定的護欄，可是那個固定的護欄還有對床的支撐作用，一拆掉，整個床就散了，這件事只好不了了之，直到有一天，站到床的另一面，這位媽媽才突然發現，由於小床和大床靠在了一起，所以有沒有移動護欄都是無所謂的，而這個護欄因為在設計時並不沒有支撐作用，拆了以後，小床依然牢固，這個問題就得以解決了。如果她不換個角度看問題，恐怕還在煩惱當中。換一個角度看問題，能夠帶來新鮮的感覺，甚至改變自己的思維和判斷，讓自己的工作、生活充滿活力。

王凱因病住院做手術，第一次手術失敗，原因是主刀醫生居然是個實習生，第一次握刀，可能緊張或者技術不精導致這

個結果。大家都到醫院看望，對醫院的行徑感到忿忿不平，有的建議提告醫院，有建議轉院的，也有建議賠償的。王凱心情沉重，躺在病床上一言不發，眉頭緊皺。他的朋友對他說：「沒關係，就在這裡做第二次手術，第一次手術失敗了，醫院肯定會高度重視，派一名專家給你主刀，而且對你會特別照顧，手術肯定能成功。」王凱聽了，眼睛一亮，同意朋友的建議。果然醫院在第二次手術時請來了著名的專家來親自主刀，結果非常成功。

我們看問題的時候往往只於從習慣的角度出發，不善於轉換位置，因為我們腦子裡充滿了定向思維。就像在腦筋急轉彎裡問 1 ＋ 1 在什麼情況下不等於 2 ？很多人都會說 1 ＋ 1 在什麼情況下都等於 2。正確答案是，在算錯的情況下 1 ＋ 1 不等於 2。這個簡單的急轉彎問題，揭示了非常深刻的道理。如果按照一般的角度看問題，1 ＋ 1 肯定等於 2，但如果跳出了這個思維模式，答案就會出現另一種情形。當一個人的思路受到束縛時，往往不能清楚找尋到一切問題的根源 —— 邏輯。要想找到邏輯，就要跳出習慣上的桎梏，避開思路上的習慣，換一個角度來思考問題。當你思考問題時，不妨也可以「避開大路，潛入小徑」，也就是說，把眼光轉向那些不被人們重視的角落。一條道路被封死了，不必絕望。如果能夠在新的發展道路上全力以赴，取得巨大的成功，也並非異想天開。

第 1 章　思路決定出路，觀念改變人生

　　俗語說得好：「塞翁失馬，焉知非福。」什麼導致不幸、什麼會幸福，不可預知。因此不論在什麼時候，一定不要絕望。挫折和困難正孕育著將來取得成功的種子。有位老師曾經做過一個實驗，他在白板上點了一個黑點。他問班上的學生說：「這是什麼？」大家都異口同聲說：「一個黑點。」老師故作驚訝說：「只有一個黑點嗎？這麼大的白板大家都沒有看見嗎？」這個實驗說明了，每個人身上都有優點和缺點，但是你看到的是哪些呢？是否只看到別人身上的黑點，卻忽略了他擁有了一大片的白板（優點）？這就像人們在尋求幸福的同時，常常以遠離幸福的「負面」思維處理問題。總把事情往壞的發展方向想，往「負面」方向考慮，結果必然是不斷感到不滿，最後積鬱成疾而將身體搞垮，還哀嘆「為什麼只有我一個人如此之不幸、如此之困苦呢」？人在漫長的一生中，會遭遇各種危機，如果對未來感到絕望以致灰心喪氣的話，那麼你再也無法爬起來。只要換一個角度去看問題，你就會發現每個人必定有很多的優點，你會有更多新的發現。

調整思想，轉變思路

很多人抱怨自己沒有機會，自己工作的環境不好，沒有好上司，自己的才能發揮不出來等等，其實這一切都在於自己如何調整思想。

麥克是一家大公司的高級主管，他面臨兩難的情況。一方面，他非常喜歡自己的工作，也很喜歡工作帶來的豐厚薪水，他的位置使他的薪水只增不減。但是另一方面，他非常討厭他的老闆，多年的忍受，他發覺已經到了忍無可忍的地步了。在經過慎重思考之後，他決定去人力公司重新謀求別間公司高級主管的職位。人力公司告訴他，以他的條件，再找一個類似的職位並不難。

回到家中，麥克把這一切告訴了他的妻子。他的妻子是教師，那天剛剛教學生如何重新界定問題，也就是把你正在面對的問題換一個角度想，把面對的問題顛倒來看 —— 不僅要與你以往看這問題的角度不同，也要和其他人看這個問題的角度不同。她把上課的內容講給了麥克聽，麥克也是聰明的人，他聽了妻子的話後，一個大膽的想法在他腦中浮現了。

第二天，他又來到人力公司，這次他是請公司替他的老闆找工作。不久，他的老闆接到了人力公司打來的電話，請他去別的公司高就，儘管他完全不知道這是他的下屬的關係，但正好這位老闆對於自己現在的工作也厭倦了，所以沒有考慮多

久，他就接受了這份新工作。

這件事最奇妙的地方，就在於老闆接受了新的工作，他目前的位置就空出來了。麥克申請了這個職位，於是他就坐上了以前他老闆的位置。

這是一個真實的故事。在這個故事中，麥克本意是想替自己找份新工作，以躲開討厭的老闆。但他的妻子讓他懂得了如何從不同的角度考慮問題，結果他不僅仍然做著自己喜歡的工作，還擺脫了老闆，得到了意外的升遷。

所以說在面對問題時，不能只從問題的直觀角度去思考，要不斷發揮自己智慧的潛力，從反面尋找解決問題的辦法，就會使問題出現新的轉折。

調整自己的思想，實際上就是換一種思路。生活中的許多事情，當我們用舊的方法、舊的習慣行不通時，就要考慮換換一種思路，說不定這一換，就換出了一條全新的陽光大道。有一篇富有趣味的短文，其主要內容：

兩個鄉下人外出打工。一個去 A 地，一個去 B 地。可在等車時，各自都改變了主意，因為鄰座的人議論說，A 地人精明，連問路都要收費；B 地人質樸，見到吃不上飯的人，不但給饅頭，還給衣服。原打算去 A 地的人想，還是去 B 地好，賺不到錢，也不會餓著，幸虧還沒有上車；原打算去 B 地的人則想，還是去 A 地好，給人帶路都能賺錢，還有什麼不賺錢的？

幸虧還在車站。於是他們在退票處相遇了，互相換了車票，原準備去 A 地的去了 B 地，原準備去 B 地的去了 A 地。

去 B 地的發現，他初到一個月，什麼事也沒做，竟沒餓著，不僅銀行裡的水可以白喝，而且大賣場裡歡迎品嘗的點心也可以白吃。去 A 地的人發現，果然是可以發財的地方，做什麼都可以賺錢，弄盆冷水讓人洗臉也可以賺錢。憑著鄉下人對泥土的深厚感情和獨特認識，他在建築工地上拿了 10 包含有沙子和樹葉的土，以「花盆土」的名義，向愛花的上 A 地人兜售，當天就賺了不少錢。兩年後，他憑出售「花盆土」竟在 A 地有了一間小小的店面。後來他又發現，一些商店樓面亮麗而招牌發黑，一打聽才發現，清洗公司原來只負責清洗樓面而不負責清洗招牌。他立即抓住這一機會，買了人字梯、水桶和抹布，開了小型清洗公司，專門負責清洗招牌。如今他的公司已經有一百五十多名員工，有一定的規模。不久前，他去 B 地考察清洗市場，在火車站，他發現一個撿垃圾的向他要空啤酒瓶，就在遞瓶子時，他們都愣住了，因為五年前他們換過一次車票。

同樣是聽別人關於 A 地人精明的議論，一個從正常人的眼光看問題，覺得不能去；一個卻能從另一角度來看，他並沒有因精明而害怕，反而認為這正是個賺錢的好地方。不同的視角，不同的思路，就有了截然不同的結果：一個仍然在 B 地撿垃圾，一個卻成了清洗公司的小老闆。

第 1 章　思路決定出路，觀念改變人生

　　思想要隨著社會的發展而變化，不斷調整思想，從錯誤中反省，就能在遇到事情時扭轉局面。

　　調整思想認識就是轉變思路，改變習慣，換一種思路海闊天空。看來做任何事，當我們感到困惑或尷尬時，當我們無能為力時，不能總是按規矩去處理。社會變化，你就要多思考，能不能從另一個方面入手，能不能換一種思路，不要把自己固定在一種思維模式裡，你就有可能找到新的出路，就可能取得成功。

敢想敢做更容易成功

　　在瞬息萬變的商業市場上，有利的商機隨時有可能變為不利，不利的商機也有可能在短時間內變為有利的機遇。關鍵在於，做事要有「敢想、敢做」的精神，敢想而不是妄想，敢做而不是無為，這個世界，只有你敢想敢做，才能成就一番大事業。

　　1956 年，五十八歲的哈默（Armand Hammer）購買了石油公司，開始做石油生意。石油是最能賺錢的行業，也正因為最能賺錢，所以競爭激烈。初涉石油領域的哈默要建立起自己的石油王國，無疑面臨著極大的競爭風險。

　　首先碰到的是油源問題。1960 年石油產量占美國總產量38%的德克薩斯州，已被幾家大石油公司壟斷，哈默無法插手；沙烏地阿拉伯是美國埃克森石油公司的天下，哈默難以染指；

如何解決油源問題呢？ 1960 年，當花費了 100 萬美元勘探而毫無結果時，哈默再一次冒險接受了一位青年地質學家的建議：一片被德士古石油公司放棄的地區，可能蘊藏著富有的天然氣，並建議哈默的石油公司把它租下來，哈默又千方百計從各處籌集了一大筆錢，投入了這冒險的投資。」當鑽到 860 英尺深時，終於鑽出了加利福尼亞州的第二大天然氣田。

事實告訴我們：風險和利潤的大小是成正比的，巨大的風險能帶來巨大的效益，與其不嘗試而失敗，不如嘗試了再失敗，不戰而敗如同運動員的競賽時棄權，是一種怯懦的行為。作為一個成功的經營者，就必須具備堅強的毅力，以及「拼著失敗也要試試看」的勇氣。當然，冒風險也並非鋌而走險，敢冒風險的勇氣是建立在對客觀現實的科學分析基礎之上的。順應客觀規律，加上努力，力爭從風險中獲得效益，是成功者必備的心理素質，這就是人們常說的應當膽識結合。

自古出售房子，都是先蓋好房再出售，這似乎是天經地義的事情。但有位商界奇才卻在 20 世紀中葉反其道而行 ——「先出售，後建築」。這一打破常規的冒險行為，創造了一種全新的經營模式，使他邁上了由平民到億萬富豪傳奇般的創業之路。

他以前經營的房地產業，都是先花一筆錢購地建房，建成一座大樓後再逐層出售，或按房收租。這種方法雖然穩妥踏實，但對於快速發展的商業模式卻頗為不利。他反復思考後

第 1 章　思路決定出路，觀念改變人生

想到了一個妙招，即預先把將要建築的大樓分層出售，再用收來的資金建造大樓，來了一個先售後建。這一先一後的顛倒，使他得以用少量資金辦成大事情。原來只能興建一棟大樓的資金，他可以用來建造幾棟新大樓，甚至更多；同時，他又能有較雄厚的資金購置好土地，採購先進的建築機械，從而提高蓋房品質和速度，降低建造成本。更具競爭力的是他的大樓位置比同行的更優越而價格卻比同行的更低廉。有時他還採用分期付款的預售方式，使人人都能買得起。

這種以現代的眼光看似稀鬆平常的手法在當時無疑是石破天驚般的創新和冒險舉動。他的做法的確高明，開創了大樓「先售後建」的模式，成就了房地產全新的經營方法，成了後來房地產行業的一大模範。

想起 10 多年前，當初只有幾千元擺地攤的小販，10 年後成為了大老闆。面對他們的成就，好多人都不服氣，會說當初我要是做，一定會比他們賺得更多。沒錯！你的能力或許比他們強，你的知識或許比他們多，你的經驗或許比他們豐富，可是你當初為什麼就不敢去做呢？這既是膽識的問題，也是觀念的問題，因為陳舊的觀念束縛了你冒險的步伐。所以你的觀念直接決定了你在 10 年後的生活！

把目光放在遠方

要想成功，不能沒有遠見，要把目光放在遠處，用遠大之志激發自己，並咬緊牙關、握緊拳頭，頑強朝著自己的人生方向走下去。沒有遠見的人，是絕不可能成大事，甚至連小事都做不到。

成大事者是具有遠見的人，因為只有把目光放在遠處，才能有大志向、大決心和大行動。那麼，遠見是什麼東西呢？

作家喬治・巴納（George Barna）說：「遠見是在心中浮現的，將來的事物可能或者應該是什麼樣子的圖畫。」

華特・迪士尼（Walt Disney）是一位有遠見能想像出這樣的地方的人：那裡想像力比一切都重要，孩子們歡天喜地，全家人可以一起在新世界探險，小說中的人和故事在生活中出現，還觸摸得到。

這個遠見後來成為事實，首先是在美國加州迪士尼樂園，後來又擴展到美國的另一個迪士尼公園，還有在日本、法國……

沒有遠見的人只看到眼前的的事情。而有遠見的人心中裝著整個世界。「遠見」跟一個人的職業無關，他可以是個貨車司機、銀行員、大學校長、職員、農人……世界上最窮的人並非身無分文者，而是沒有遠見的人。

第 1 章　思路決定出路，觀念改變人生

　　問問自己，你今後想做什麼，想成就什麼，把它定為自己的長遠目標。長遠目標不能定得虛無縹緲，也不能定得太偉大，因為這個目標是你力爭去實現的，如果不能實現，會對自己產生懷疑，以致產生失敗感。

　　樹立長遠目標很重要，倘若你沒有長遠的目標，滿足於眼前的利益，從而過高估計自己的能力，認為所謂的成功目標只是一蹴可幾的事，用不著花大力氣。於是你經常為自己設定伸手可及的目標，憑著小聰明手到擒來，為此沾沾自喜，久而久之，你就放鬆了素質的培養和能力的鍛鍊，聰明才智退化，一旦需要向更高更強的目標前進時，你就無能為力對天長嘆了。

　　倘若你沒有長遠的目標，可能會被短暫的挫折所擊倒，過分誇大成功道路上的艱難險阻，以為所謂的目標只是遙遠的「烏托邦」，從而放棄了目標。事實上，在通往出色人生的路途上，不可能一帆風順，總難免遇到各種的阻礙。這些阻礙有的來自客體 —— 外在因素妨礙你實現理想；也有的來自主體 —— 你可能遇到家庭問題、疾病、災難等意想不到的意外；還有種種你無法控制的情況，都是通向出色人生的阻礙。假如你目光短淺，就會被眼前的障礙嚇倒，甚至覺得有人在故意阻礙你的道路，從而將怨恨別人。這樣的情緒是有害的，它將阻礙你繼續往前走。其實沒有人能夠真正阻礙你，能夠阻礙你的人就是你自己。其他最多暫時讓你停下腳步，而唯有你才能讓自己永久停下腳步。

把目光放在遠方

有長遠目標的人，既不會為眼前的小小成功所陶醉，也不會為暫時的挫折所嚇倒。他們明白，在實現目標的過程中，肯定有艱難險阻，假如輕而易舉就能排除，只能說自己的目標定得太低。如果所有的困難一開始就排除得一乾二淨，便沒有人願意去嘗試有意義的事情了。你要腳踏實地處理前進道路上的所有障礙，有一天，你便會到達目的地。

「遠見」不是天生的，它是一種可以培養出來的本領。這種本領也可能被壓抑，它受到「過去的經歷」、「當前的壓力」、「種種問題」、「缺乏洞察力」、「當前的地位」五種情況的限制。

我們如何使自己的遠見變為現實呢？下面的原則對你或許會有幫助。

第一，做大事之前要分析你的實際情況從而成就自己。

將遠見變成現實不是一蹴可幾的事，這是一個過程，跟旅行類似。

你決定去旅行之後，首先要做的事情之一，就是決定出發點。沒有出發點，你就不可能規劃旅行路線和目的地。

考察當前生活的另一個目的是規劃行程並估算此行的費用。一般來說，你離自己的遠見越遠，所花的時間就越多，代價就越大。

第二，做大事之前要能確定你的努力方向。

這個觀點簡單到讓人幾乎不好意思說出來，但實現遠見由確定遠見開始。對有些人來說這實在是不容易了。因為他們似乎生來就有一種遠見卓識。而有些人則需要經過長時間的學習才能獲得這種本領。

　　如果你想成大事，就必須確定你人生的遠見。你的遠見不能由別人給你。如果那樣就不是你自己的遠見，你就不會有實現它的決心與衝動。遠見必須以你的夢想為基礎，遠見是了不起的東西，它還會對別人產生正面影響——特別是當一個人的遠見與他的命運不謀而合時。

　　第三，不管發生什麼，做大事的長遠規劃都不能改變。

　　實現自己的遠見包含著選定一條個人發展的道路，並在這條路上走下去，以為自己可以跳向另一個階段而無須改變自己，這是在自我欺騙。人生的任何正向轉變必定需要個人成長。

　　因為個人成長是實現遠見的必經之路，你能定出的最完美的計畫就是按你的遠見來規劃你的成長道路。想一想要實現理想你必須做些什麼，然後確定你需要學習些什麼，或參考一下別人的成長歷程。

　　第四，做大事時要能捨小利益換取大目標。

　　所有夢想都是有代價的。為了實現你的遠見，就要做出犧牲，其中必然涉及你其他的選擇。你不可能一邊追求你的夢想，一邊保留著你其他的選擇。

把目光放在遠方

　　多種選擇是好事，可以提供機會，但對於想成功的人而言，有時必須放棄其他小選擇來實現那唯一的夢想。

　　這情形有點像一個人來到交岔路口，面臨幾種選擇。他可以選擇一條能通往目的地的路，他也可以哪一條都不走，可是這樣就永遠達不到目的地。

　　第五，頂住各種壓力，堅持自己做大事的態度。

　　必須保持正向態度的另一個原因，是你肯定會碰到反對的意見。那些沒有夢想的人是不會理解你的夢想的，他們覺得你的夢想不可能實現。他們會對你說，你的夢想一文不值。或者即使他們明白到它的價值，他們也會說，這是可以實現的，但不會由你實現。碰到別人反對時，你不必驚慌，而應有準備，抱著永不消沉的正向態度。

　　做大事不是一件輕鬆的事，而是一件非常有挑戰性的抉擇。在你為自己的人生目標而努力的時候，你成大事的可能性就越來越大。現在只需要你放棄一些蠅頭小利，把目光盯在遠方，邁動你的雙腳。如果都準備好了，你就可以朝著自己的目標前進了。

　　若想出人頭地，就要放棄短識，把目光放在遠方。

第 1 章　思路決定出路，觀念改變人生

第 2 章

敢為天下先，創新產生奇蹟

　　世間沒有什麼東西是靜止不前的，我們的思維模
式也要跟著改變才能趕上時代的潮流。俗話說：窮則
變，變則通。當路走不通時，不要再一味頑固，而要
學會改變。只有學會改變的人，才能登上人生成功的
巔峰。

做事不要「固執」

　　做事要學會靈活變通。在現實生活中，任何事物的發展都不是一條直線。有智慧的人能看到直中之曲和曲中之直，並不失時機把握事物發展的規律，透過迂迴應變，達到既定的目標。反之，一個不善於變通的人，固執已見只會四處碰壁，撞得頭破血流。

　　美國的知名政治家斯特拉曾說：「對自己而言，最重要的不是別人如何看待你，而是你如何看待他們。」

　　有一種魚叫馬嘉魚，長得很漂亮，銀膚燕尾大眼睛，平時生活在深海中，春夏之際溯流產卵，隨著海潮漂游到淺海。

　　漁民捕捉馬嘉魚的方法很簡單：用一個孔目粗疏的竹簾，下端綁上鐵，放入水中，由兩輛小艇拖著，攔截魚群。馬嘉魚的「個性」很強，不愛轉彎，即使闖入羅網之中也不會停止。所以一隻隻馬嘉魚「前仆後繼」陷入竹簾孔中，簾孔隨之緊縮。竹簾縮得愈緊，馬嘉魚愈憤怒，它們更加拼命往前衝，結果就會被牢牢卡死，最終被漁民所捕獲。

　　當我們遇到複雜的事情時，不可總是一味固執己見，或無法應對時就束手無策、坐以待斃。其實只要靈活變通，別「一條路走到黑」，就可以很快解決問題。

　　古時候，有兩個和尚決定從走到另一座廟，他們走了一段路之後，遇到了一條河，由於一陣大雨，河上的橋被沖走了，

做事不要「固執」

但河水已退，他們可以涉水而過。

這時，一位漂亮的婦人正好走到河邊。她說有急事必須過河，但她怕被河水沖走。

第一個和尚立刻背起婦人，涉水過河，把她安全送到對岸。第二個和尚接著也順利渡河。

兩個和尚默不作聲地走了好幾里路。

第二個和尚突然對第一個和尚說：「我們和尚是絕對不能近女色的，剛才你為何犯戒背那婦人過河呢？」

第一個和尚淡淡回答：「我在好幾里路之前就把她放下來了，可是我看你到現在還背著她呢！」

這個故事告誡我們，要學習第一個和尚勇於任事的行為，而不要像第二個和尚，輕易就被成規束縛住了。

中國有句古話：「伸縮進退變化，聖人之道也。」大凡一個在事業上有所成就的人，必定是一個善於駕馭時勢的人。

變通是生活中不可缺少的智慧。有時候我們需要執著，但執著不是固執。做人不能太固執而不知靈活變通。善於靈活變通者，將對手也能變為朋友，這就等於為自己的未來開創了一條路。

我們在日常生活和工作上產生的人際關係也是如此，固執已見不但不利於合作，還影響工作效率。工作上的交往不同於選擇摯友，應該從工作的層面上考慮，盡量彼此友好合作。

任何人都有自己的想法、習慣及愛好，如果在與他人合作中，故意強調對方行為性格中與自己的不同之處，就會因為這些微小的隔閡而引起溝通上的障礙，從而影響合作的關係。

現在的社會中，幾乎任何人都有可能與不好應付的人打交道。交際技巧上也相當重視這方面的問題。絕大多數的人與這種類型的人往來時，心情難免感到不愉快。如果可以的話，大家都想對他們避而遠之。但既然無法避免，最好的方法便是正視並面對這件事，並設法尋求解決之道才是。

做人要學會用「變」，要知「變通」之要領。當你遇到阻力而停滯不前，或因困難阻礙難行時，就要靈活變化方向，把阻力變成推你前進的動力。正所謂「低頭也是一種智慧」，低頭不是對人臣服，而是一種靈活變通的智慧，是調整狀態，伺機而動。所以你一定要拋棄你的固執。

變則通，通則活

頭腦靈活之人，從來不會走到絕路上去。俗話說：變則通，通則活。孫子曾說過「君子慎獨」。即真正的君子，要在沒有他人監督的情況下，嚴格約束自己，不會做出違反法律及倫常的事來。對於變通者更要有君子的智慧，只有變通才會有的好結果。

張君是一位精明的年輕人，他在一個外商獨資企業裡做事。同辦公室有位同事，年齡、學歷等各種條件與張君相仿，

變則通，通則活

只是這位同事在辦公室裡只用「約翰」這個英文稱謂，張君對此不以為然。

兩個條件相近的年輕人在同一處工作，自然會有競爭。時間長了，張君發現自己的能力絕對不比約翰差，可是外國老闆卻對約翰更賞識。常常他們兩人在辦公室辦公時，老闆打電話把約翰叫去商量事情，而且有晉升的機會，老闆也給了約翰。張君感到苦惱，但又不知道是什麼原因。

不久張君被派去做一件有難度的工作，他充分發揮才幹，將事情辦得俐落漂亮。外國老闆非常高興，誇讚他說：「你比約翰還強。」接著又問他：「你能否起個英文名字呢？你的中文名字我叫起來實在太費力了。」至此，張君才明白，原來自己先前與約翰待遇的差別，是由名字引起的。

張君後來也起了一個順口的英文名字。他現在想通了：人要在一定程度上放棄固執，來順應大環境，特別是當你向著某個既定目標努力時，如處處執拗，不啻為設置障礙，那樣的話只能被環境所淘汰。

變通講究靈活，不從一個角度看問題，而是時常變換角度，從而找到合理的解決辦法。

你早晨一起床，穿衣，刷牙，洗臉、吃早飯、上班或學習……在生活中，會養成一定的習慣，比如刷牙時你會常用一定的姿勢，吃飯時你常坐某個位置，上班時常走某條路線。習

慣使你的生活有規律，可以使你少動腦筋，自然完成事情，習慣讓你感到舒暢。

然而，習慣也有一個很大的害處，這就像你看書時，把某一頁紙折了角，然後闔上書。過段時間，你重新打開書時，便會一下子翻到有折角的那頁。我們的習慣就像那折角一樣，會使我們重複過去的辦事方法，這在很多情況下是行不通的。順應形勢的變化而採取行動，才能把握機遇，才能無往而不勝。

王先生開了一家電腦公司，除了賣各種電腦軟硬體、配件外，也幫人家組裝電腦。一開始他的生意並不好，而且還因為不慎輕信朋友，有兩萬多貨款無法追回，經過交涉，也只是抵了一批滑鼠墊，共有兩萬多張。

兩萬張滑鼠墊，怎麼才能賣得出去呢？王先生就像手持雞肋，食之無用，棄之可惜。生意越來越不好做，王先生只好閒坐著，看看報紙，或者玩電腦遊戲。

有一天，王先生的朋友來玩，閒聊之餘便坐在王先生的電腦前練習打字。這個朋友剛學會輸入法，有些字根還記不熟，翻書又麻煩，不由得說了句「要是字根就在滑鼠墊旁邊就好找了。」說者無心，聽者有意，王先生突發奇想：要是在這批滑鼠墊上印上字根表，也許會方便那些記不住字根的人。但如果賣不出去的話，他又要多貼印刷的成本。

變則通，通則活

　　想了想，他還是決定試一試。印上了字根表後，他到網咖、電腦培訓班等處推銷，果然賣了很多。有一天，一個中年男子來到王先生的公司，看到了這種滑鼠墊，詢問了價格，說如果一張 100 元的話，他會買兩萬張滑鼠墊。原本他也是電腦公司的老闆，最近他的公司接了一個大單子，電腦就要兩萬臺。所用的電腦除了配齊常規的設置外，還特別強調每臺電腦需要一張滑鼠墊和字根表。為此，這個中年老闆跑了好幾個地方，就是沒有合適的產品和價位。今天看到王先生這裡的滑鼠墊上印著字根表，真是喜不自勝。這下他可以兩樣東西用一樣東西的價錢買回去，省錢又省事，真是打著燈籠也難找。王先生正好還剩差不多兩萬張滑鼠墊，這筆生意就成交了。因為一個小小的巧思，商品得以完售。如果王先生一直不改變自己的思路，就不會有機會推銷自己的滑鼠墊，有變化就有了機會。

　　善於變通的人能夠知道何時採取行動把握住機會。變通能力需要以洞察力和行動力為武器，時時與自身固執的心態作鬥爭。如果固執的心態始終無法根據實際情況有所變通，結果不會很理想。

變通指引你走向通往成功的坦途

在人生的每一個關鍵時刻，要審慎運用智慧，做最正確的判斷，選擇正確方向，同時別忘了及時檢查自己選擇的角度，適時調整。放掉無謂的固執，冷靜用開放的心胸做正確抉擇。每次正確無誤的抉擇都會將指引你走向通往成功的路途。

諾貝爾獎得主萊納斯‧鮑林（Linus Carl Pauling）說過：「一個好的研究者知道應該發揮哪些構想，而哪些構想應該丟棄，否則會浪費很多時間在差勁的構想上。」很多時候，由於種種原因，人們的目標和思維會使自己處於兩難的地步，最明智的做法是窮則思變，變則通，及時抽身而退，開闢其他研究項目，尋找新的成功契機。

牛頓（Isaac Newton）早年是永動機的追隨者。在大量的實驗失敗之後，他很失望，但他明智退出了對永動機的研究，在力學研究中投入更大的精力。最終許多永動機的研究者默默而終，而牛頓卻跳出了這無謂的研究，在其他方面脫穎而出。

當你確定了目標以後，下一步便是要審慎鑑定自己的目標，或者說確定自己所希望達到的領域。如果你決心改變，就必須考慮到改變後是什麼樣；如果你決定解決問題，就必須考慮到解決問題中可能遇到的困難是什麼。

當描述了理想的目標以後，你必須研究達到該目標所需的時間、財力、人力的花費是多少，你的選擇、途徑和方法只有

經過檢驗，方能估量出目標的現實性。你或許會發現自己的目標是可行的，否則你就要量力而為，修改自己的目標。

現在有許多滿懷雄心壯志的人毅力堅強，但是不會進行新的嘗試，因而無法成功。請你堅持自己的目標吧，不要猶豫不前，但也不能不知變通。如果你的確感到行不通的話，就嘗試另一種方式吧。

兩個探險家在林中狩獵時，一頭兇猛的獅子突然跳到他們面前。「保持鎮靜」，第一個探險家悄悄說：「你還記得我們看過的那本關於野生動物的書嗎？那書上說，如果你非常冷靜站著別動，兩眼緊盯著獅子的眼睛，那它就會轉身跑開的。」

「書上是那麼寫的」他的同伴說：「你看過這本書，我也看過，可這頭獅子看過嗎？」

如果這兩個探險家真的兩眼緊盯著獅子的眼睛的話，後果肯定只有一個。因此從這個故事中我們知道，無論是學習、做人還是做事都應該學會應變。

如果學會變通，遇到事情時對自己說「總會有別的辦法可以辦到」。那麼做事就會更順利。

現在每年有許多家新公司獲准成立，可是幾年以後，只有一小部分繼續營運。那些半路退出的人通常會這麼說：「競爭實在是太激烈了，只好退出為妙。」失敗固然有種種理由，但根本的原因是鑽牛角尖而無法自拔，在困惑的黑暗中找不到解決

問題的方法。而成功者的祕訣往往是隨時檢查自己的選擇是否正確，然後合理調整目標，放棄無謂的固執，輕鬆走向目標。這也就是所謂的變通是成功路上的一條捷徑。

如果一味的堅持，而不去檢查自己的想法是否正確，那麼堅持即是無謂的執著，是不知變通的愚昧，因此當我們在工作和生活中處理這類事情時，一定要知難而退，見好就收，不做無謂的犧牲，因為錯誤的決定只能讓你離真理之路越來越遠，即使是付出百倍的艱辛，也很難達到目標。

放下固有的思維模式

絕大多數人一遇到困難，還未曾仔細思量困難的程度，就預先在自己心底放下了柵欄。一旦柵欄放下之後，再想跨越就不是這麼簡單的事了。遇到阻礙時，只要找出問題真正的關鍵所在，就可以很輕易征服它。其實跨越柵欄，並不是一件很簡單的事，尤其是要跨越思想上的柵欄。

要想創意思考，首先必須徹底拋棄舊習，拒絕維持現狀。事不分大小，從變換午餐的新花樣到測試公司已久的問題解決方案，都可以有變化。換句話說，有創意的人願意接受風險。如果不冒一些風險、不跌幾次跤，就不可能有所進步。

一位知名企業家分店遍布全國。然而當初剛剛開始經營時，他也曾遭到嚴重的瓶頸。創業初期，他沿著鐵路沿線開了

放下固有的思維模式

三家店，但是生意卻非常差。這一天，他垂頭喪氣從店中出來，坐上火車回家。「怎麼辦呢？店裡的生意這麼差，就快要撐不下去了！」他心裡嘀咕著。坐在前排的幾個小學生的嬉笑聲，打斷了他的懊惱。他抬起眼來往前看了一看，目光被一個孩子手上的三角板給吸引住了。「是了，我的三家店位於同一條直線之上，所以有效客源無法集中，應該要呈三角鼎立，如此三點連線起來，就能確保中間的客源了。」不久，他關閉了兩家店，另外又開了兩家新店，三家店鼎足而立。果然過了沒多久，業績直線上升。這位企業家用這種三角經營法陸續開了上千家分店，成了全國知名的企業。

所以遇到阻礙時，應該仔細推敲思考，找出問題真正的關鍵所在。在不為人知的一個角落裡，永遠藏著一個通向光明的出口，等待聰明人去發現。這就是這位企業家給我們的啟示。

固有的思維模式和習慣有可能會給我們心裡設立更高的柵欄，就像今天有成千上萬的推銷員徘徊在路上，疲憊，消極，收入不足。於是有太多的人抱著希望踏進來，又有大批的人帶著失望走出去。為什麼？因為他們所想的一直是他們所要的，而不是讓大家知道他的服務或商品將如何能幫助民眾解決問題，為民眾帶來方便。歐义梅說：「一個能從別人的觀點來看事情，能了解別人心理活動的人，永遠不必為自己的前途擔心。」於是當第一次碰到挫折的時候也許覺得沒什麼，第二次，第三

次碰到挫折的時候，他就會想懷疑自己是不是真的能做好推銷工作，於是當他第四次去推銷的時候，他事先已經在心裡給自己設置了一個心理的柵欄，那麼他絕不可能成功，因為他無法跨越心裡的障礙。我們要學會換一種角度看事情，出現了問題要試著打破固有的思維模式，換位思考，也許會有新的發現，會找到成功的突破點。

有一個男孩，體重不足，拒絕飲食，父母對他全無辦法。父親最後對自己說：「這個孩子要的是什麼？怎樣才能變成他所要的？」

當他開始往這方面想時，事情就見單多了。這個孩子有一輛三輪車，喜歡在家門口的人行道上騎來騎去。附近住著一個大男孩，常常把他拉下，把車搶去騎。每當小男孩哭叫著跑回去告訴母親時，她就會立刻出來，把那個大孩子拉下來，把他的小孩再抱上去。小孩要的是什麼？這不是明擺著嗎？他的自尊，他的憤怒，驅使他採取報復行動。而當父親告訴他說，有一天他可以把那個大男孩打得落花流水時，他就不再偏食了。他願意吃任何東西，以便快點長大，把那個常羞辱他的小霸王痛揍一頓。

只要你打破固有思維帶給你的柵欄，那麼機會也許就會在不經意間惠顧你。

不斷思考，不斷創新

思路決定出路，思考是人生最大的財富。學會思考，就能找到人生新的起點；學會思考，學會創新，成功就會向你走來。

平庸者往往順從自己慣性思維，頭腦受到太多的局限，而成功者在現實生活中卻能掙脫慣性思維的束縛，讓思想自由馳騁，學會了不斷創新，最終取得非凡的成績。只有學會了思考，學會了創新，打破常規，才能讓不利的條件變成有利的條件，才能變被動為主動，才能取得成功。

華若德克是美國業界大名鼎鼎的人物。在他未成名前，有一次，他帶領屬下參加在休士頓舉行的美國商品展銷會，令他感到懊喪的是，他被分配到一個極為偏僻的角落，而這個角落很少有人光顧。為他設計攤位布置的裝飾工程師勸他乾脆放棄這個攤位，認為在這種情況下要展覽成功是不可能的，唯一辦法只有等待來年再參加商品展銷會。沉思良久，他覺得自己若放棄這一機會實在太可惜，而這個不好的地理位置帶給他的厄運也不是不能化解，關鍵就在於自己怎樣利用這不好的環境使之變成整個展會的焦點。他覺得改變這種厄運需要出奇制勝的策略，可是怎樣才能出奇制勝呢？他陷入了深深的思考。他想到了自己創業的艱辛，想到了展銷會對自己的排斥和冷眼，想到了攤位的偏僻，在他心中突然想到了偏遠的非洲，第二天，他走到了自己的攤位前想出一個絕妙的計畫。

第2章 敢為天下先，創新產生奇蹟

　　華若德克讓他的設計師給他設計了一個古阿拉伯宮殿式的氛圍，圍繞著攤位布滿了具有濃郁的非洲風情的裝飾物，把攤位前的那一條荒涼的大路變成了黃澄澄的沙漠，他安排僱來的人穿上非洲服飾，並且特地僱用動物園的雙峰駱駝來運輸貨物，此外還派人定做大批氣球，準備在展銷會上用。還沒到開幕式，這個與眾不同的裝飾就引起了人們的好奇，不少媒體都報導了這一新穎的設計，市民們都盼望開幕式盡快來到一睹為快。展銷會開幕那天，華若德克揮揮手，頓時展廳裡升起無數的彩色氣球，氣球升空不久自行爆炸，落下無數的膠片，上面寫著：「當你拾起這小小的膠片時，親愛的女士和先生，你的運氣就開始了，我們衷心祝賀你。請到華若德克的攤位，接受來自遙遠的非洲禮物。」這無數的碎片灑落在熱鬧的展銷會場，當然華若德克也因此奇特的改變與創新取得了巨大的成功。

　　很多事情從常規思維角度看來是辦不到，但是用擴散思考，辦不成的事就能辦成功，不可能實現的目標最終也會實現。華若德克的故事告訴人們，創新來自於不受局限的自由幻想，它可以幫助我們以往不同的方式來看待事物之間的關係，並且使習慣的思維方式成為助益而非傷害。在很多情況下，看上去無關的事物，卻能提供人們對問題的領悟和答案。飛機外形的設計就來源於人們對飛鳥的觀察；潛水艇的外形很像是海豚；雷達來自於蝙蝠的知覺給人類的啟發；皮下注射針像響尾蛇的牙……這一切都是很好的證明。

　　不管你從事的是哪一個行業，幸運之神都偏愛會思考、有創新精神的人。思考能使人不斷進步，創新能使你的事業再上一個巔峰，與眾不同的創新個性能使你成為眾人的靈魂。因此，從現在起培養你的不斷思考、敢於創新的習慣，從生活中的點滴開始培養，那麼你的遠大目標的實現會自然而然水到渠成。

不把雞蛋放到一個籃子裡

　　做事的藝術，其實是一個平衡的藝術，既要左顧右盼，照顧到各方面的利益，又要瞻前顧後，考慮到事情的前因後果。聰明的人不把雞蛋全放到一個籃子裡。

　　在某個小村落，下了一場非常大的雨，洪水淹沒全村，一位神父在教堂裡祈禱，眼看洪水已經淹到他跪著的膝蓋了。一個救生員駕著舢板來到教堂，對神父說：「神父，趕快上來！不然洪水會把你淹沒的！」神父說：「不，我深信上帝會救我的，你先去救別人好了。」

　　過了不久，洪水已經淹過神父的胸口了，神父只好勉強站在祭壇上。這時，又一個警察開著快艇過來，他對神父說：「神父，快上來！不然你真的會被洪水淹死的！」神父說：「不！我要守著我的教堂，我相信我的上帝一定會來救我。你還是先去救別人好了！」

第 2 章　敢為天下先，創新產生奇蹟

又過了一會，洪水已經把教堂整個淹沒了。神父只好緊緊抓著教堂頂端的十字架，一架直升機緩緩飛過來，丟下繩梯之後，飛行員在叫：「神父，快上來，這是最後的機會了，我們不想看到洪水把你淹死！」神父還是意志堅定說：「不，我要守著教堂！上帝會來救我的！你趕快先去救別人，上帝會與我同在的！」

洪水滾滾而來，固執的神父被淹死了……神父上了天堂，見到上帝，他很生氣地質問：「主啊，我終生侍奉您，為什麼你不肯救我！」上帝說：「我怎麼不肯救你？第一次我派了舢板去找你，你不要，我以為你擔心舢板危險，第二次，轉派了一艘快艇去，你還是不肯上船，第三次，我派一架直升機去救你，結果你還是不願意接受，所以我以為你急著想回到我身邊，可以好好陪我。」

當然世界上不存在上帝，這只是人們編出來的小故事，目的是要闡述一定的道理。

有這樣一些人，當自己步入困境的時候，不鑽牛角尖，而是動腦轉換思路，所以他們往往是最終的成功者。

生活中我們常常一方面抱怨人生的路越走越窄，看不到成功的希望；另一方面又因循守舊、不思改變，習慣走同樣的路。

美國康乃爾大學威克教授做過這樣一個實驗：拿一只寬口玻璃瓶，瓶底朝光亮一方，放進一隻蜜蜂，蜜蜂在瓶中反覆朝有光亮的方向飛，努力了好多次，都沒有飛出瓶子，可牠就是

不把雞蛋放到一個籃子裡

不肯改變突圍的方向，仍舊按原來的方向去衝撞著瓶壁。最後耗盡了力氣，奄奄一息了。

教授又放進了一隻蒼蠅，蒼蠅也朝有光亮的方向飛，突圍失敗後，又朝不同方向嘗試，最後從瓶口飛走了。

這個實驗充分說明了：成功在於肯努力嘗試。世界上沒有不犯錯誤、不經歷失敗的人，重要的是一條路走不通的時候，要趕快轉過身去尋找另一條出路。有時候在困境面前，改變一下思路，一切就峰迴路轉、柳暗花明了。

在我們的現實生活中，很多固執的人都很容易在問題上鑽牛角尖，甚至是為了小利而寧死不讓，從不會去變通自己。他們不願意放棄他們的觀念，不願意放棄他們的情感，不願意放棄他們的權力，不願意放棄他們的利益等，但是什麼能夠永久被占有呢？

很多人都常把固有的思維或者祖宗留下的規矩當作了做人做事的靠山，有個硬靠山雖然很好，但它不會總靠得住甚至還有倒的時候。只靠一個靠山，就等於把所有的賭注都壓在一張牌上，一旦這條路走不通，自己不但失去了依靠，說不定還會一敗塗地。想在社會上立於不敗之地，就要多找幾個靠山，這是靈活變通做人的最優選擇，這也是想在社會上立於不敗之地的最佳方案。有時候需要變換一下思維。這是欲「靠」者最需要用心之處。如不仔細權衡，難保他日平安。

這是大智大勇，也是小計謀。對於謀求成功的人來說，面前有多少意料不到的艱難啊！如不能夠隨機應變，如不能夠冷靜、迅速處理各種突發的變故，怎麼能夠登上成功之巔呢？

放棄舊觀念，接受新觀念

任何人都有贏得成功的潛力，只要相信自己能做到，全力以赴，成功總有一天會來臨。縱然陷入危機之中，也應不悲不惱，應該認識到危機也許預示著機遇。然而，全力以赴並不是說一味的蠻幹，而是要學會隨著時代的腳步和社會的變遷不斷接受新的觀念，摒棄阻礙進步的觀念，才能在不斷變化的新時代取得更大的成功。有一個例子：

處在城市之中，隨著經濟的快速發展，社會進步的腳步不斷加快，為了生存拼命奔波的人們，他們腳步匆匆，工作壓力大，幾乎沒有時間在家裡享受早餐，早上起床後在家門口或者公司附近吃早餐就成了大多數忙著趕時間工作的人的新的選擇。於是有許多人就看准了這個商機，逐漸改變了自己原有的只供應午餐和晚餐的習慣，把目光投向了早餐市場。而更令人想不到的是，有家咖啡店也看好早餐這個龐大的市場，但是這是一家高檔的咖啡店，在早餐形式上又不能流俗，而他們早餐市場的目標顧客主要是白領職員或者學生。因此他們為了取得成功，開發出了一系列能代替早餐的食品。由於緊跟時代步

伐，早餐食品又恰到好處，還解決了吃早餐的難題，收到很好的效果和反響。咖啡店賣早點的成功之處就是，打破了傳統的觀念，順應時代的發展，準確判斷並分析市場定位的結果。

這就是新觀念所帶來的成功，如果不能摒棄舊的觀念，認為咖啡店永遠只賣咖啡的話，那麼當別人早上就開始了新的一天的時候，他們只能坐等到中午，永遠比別人少了一個充滿希望的早晨，也就是說當別人已經跑到一半的時候你才起跑，結果當然是被淘汰。而社會歷史的進步創造著新的思維方式，新的思維方式又成為社會歷史前進的催化力量。

這種現代綜合性思維的特徵在於把自然科學、技術科學和人文社會科學的知識、人的智慧和才能與各種類型的資訊及資訊基礎設施有機地結合起來，以便跨越界限，解決開放的複雜巨系統問題（所謂複雜巨系統，就是指結構非常複雜，而且是對外界開放的系統，如社會系統）。如此相應的思維方式，也是開放、動態的。這種綜合性的思維方式不同於以往的舊有方式，很重要的是因為它是非線性。網路化的世界縱橫交織著錯綜複雜的聯繫。網上大大小小的「扭結」都有一定的自主性和創造性，它們能夠對環境的變化作出選擇的反應，它們相互參與，彼此合作和競爭。

這些理論教我們要用新的思考方法，能更全面觀察，向知識或常識挑戰，以新的視野去面對事物。

第 2 章　敢為天下先，創新產生奇蹟

　　有一艘船翻了，船上的人全部落水，大部分人都努力掙扎著浮出水面，但是船翻時所造成的強大水流，將落水的人捲入船底，使得這些人的身體都緊貼在船底無法浮起，最後窒息死亡。只有一位落水者看到強大的水流，立即將身體蜷起，讓自己先沉下去，待離開水流後，再順勢浮出水面。他是唯一一位生還者。

　　其實從實例中可以看出，也許這個人身體非常好，但是更重要的是，在舊有的習慣面前，別人都一如既往的遵循，而只有他，順應水流的發展而改變自己並獲得生還。其實我們的身體需要時常做體操來加強健康和活力，而我們的頭腦也需要在平時養成習慣，不時找機會訓練你的大腦，那麼在危急中就可以急中生智，在攻防中有技巧，在遇到瓶頸時有突破了。而我們又怎麼訓練大腦呢？最簡單的方法就是緊跟時代的步伐。

　　然而每當你放棄一種舊的行為方式時，即使那是有害的習慣，你也可能會產生一種很強烈的失落感，你會感到惋惜，下意識懷念它，儘管它曾經傷害過你。你想念這種習慣就像是想念久別的家人或朋友一樣，由於你丟掉了舊的生活模式，會感到無所適從。在你學習新的、有益的生活方式來填補空白時，這種空虛感會延續一些時間。這種感覺可能表現為憂鬱或對焦慮的壓抑感，使你無法思考任何的問題。儘管你知道舊的生活方式對你的生活有負面影響，妨礙你充分發揮自己的潛力，但你仍然對它戀戀不捨，並為離開了它而悲傷不已。

此時你的思想是矛盾的，你的理性告訴你說，丟棄負面習慣是完全正確的，，但你的內心卻在為丟棄的東西惋惜悲傷，你的理智和感情並不同步，一直處於一種搖擺不定的狀態。這種猶豫不定的態度讓你不能勇敢抓住機會，去改變自己的生活。因此你現在就應該去改變自己，摒棄一些不好的習慣和思維，適當訓練大腦，順時代的潮流而動，方能永遠立於不敗之地。

想像力是無限的

想像是在原有形象的基礎上在頭腦中創造新形象的過程。想像可使人的認識超出時空與具體條件的限制，拓展和豐富人們的精神世界。

一家百貨商場，雖地處中心，地理位置也不錯，但總是門外車馬喧嚷，而店內冷冷清清，許多人都是從店門前的大街上匆匆而過，很少有人進店駐足。沒有顧客，商場的生意就一直很慘淡。經理對此一籌莫展。有一次，經理的朋友偶然路過商場，聽經理嘆息著說了商場的慘澹經營後，朋友沉思良久，笑著對經理說：「要讓過往行人都能到你店裡來看看並不難，有一面鏡子就行了。」

經理半信半疑，但還是按照朋友的吩咐，在臨街的牆上裝上了一面僅幾個平方米的鏡子。鏡子的上方，用紅紙貼了一行大字：朋友，請注意您的儀容！鏡子的下方貼了一行小字：店

內備有免費的木梳。

當許多人又從商場門前經過時，會不由自主走到鏡子前照一照，然後就進了商場梳理頭髮，如果需要鞋油，鞋刷備有十幾把，可以免費使用，但各種鞋油卻在櫃檯上銷售。

商場內的人一下子擁擠起來，有買鞋油就地擦鞋的，有買髮膠就地梳理頭髮的，有買口紅對著店裡的鏡子塗抹的，當然店內的護膚品、日用百貨等也銷量激增，商場的生意一下子就旺盛了起來。一面鏡子，就把匆匆而來的路人「照成」了店內購物的顧客，就這麼簡單。

其實對於商家來說，攬客的方法就是這樣：讓人知道自己缺什麼，讓他主動去選擇。這樣比強加給顧客手上的宣傳單更有效。

愛因斯坦說（Einstein Albert）：「想像力比知識更重要，因為知識是有限的，而想像力概括著世界上的一切，推動著進步，並且是知識進化的源泉，嚴格來說，想像力是科學研究中的實在因素。」

然而想像力也不是憑空的瞎想，心理學告訴我們想像的源泉是客觀現實，想像的內容是客觀現實的反映，而合理想像的方法更是成功的關鍵。

方法是主體在活動中的行為方式和為達到某種目的而採用的途徑的總和。「方法」一詞，源於希臘文，意思是遵循某一道路，亦指為了實現一定的目的，必須按一定的步驟。

　　方法一般來說分為以下幾個層級：一是方法論基礎，這是取得科學管理方法的哲學依據；二是基本的管理方法，這是取得科學管理方法的哲學依據；這是主體解決各種問題、認識各種事物共同的方法。如：思維方法、預測方法、理論聯繫實際的方法；三是具體的管理方法，它是主體在某一時期或某一階段解決某種具體問題所使用的方法，如：行政方法、經濟方法、企業管理方法等；四是操作性的管理方法，它是指主體為順利實現目標而採取的各種活動技巧與技術。如：評估技術、統計技術、電腦應用技術等。可見，方法具有層級之分，不同的工作要採用不同的方法，越接觸實際，方法越具體越生動、越豐富多彩。

　　口香糖是一個十分成功的行銷案例。在各媒體廣告處處都可以看到、聽到保持口氣清香的口香糖廣告，以逆向思維的突破觀念，創造出極為怪異而且有顛覆意味的廣告手法 ──「我有話要說」，對人類展開尋求認同的猛烈攻勢。

　　這個在廣告上從未出現過的新手法，立即將銷量推上了高峰，不但打響了知名度，也將這個新產品成功推入了市場。

　　這就是在人們常規的思路基礎上加上合理的想像，最終取得了成功。如果現在的行銷人員能不時訓練自己，時常活用逆向的思維方法，就能夠靈活運用行銷策略與戰術的技巧，將行銷業務順利發展。時常有人認為所謂創意只不過是靈光一現，這是錯誤的觀念，要隨時不斷練習運用逆向的多元性思考

能力，看待事情不能只從一個角度分析，養成了習慣之後，就隨時會有潛在意識的展現，就像是一束鐳射光，在一個球體裡外、上下毫無拘束穿梭，讓你在行銷的時候得心應手，無往不利。其實不光是在行銷領域，在各行各業，只要你讓想像的翅膀飛起來，都會有不俗的表現和成功。

那麼怎麼才能讓我們打破陳規，讓想像力飛起來呢？其實想像有時就是這樣，對於特定的問題，集中注意力，並且從各種角度去探討，盡量讓想像力「飛躍」起來。起初，你會覺得幼稚、可笑，但是仔細總結後，又會發現新的東西。不過重要的是，就是片刻不離問題的核心。要讓思考力活躍的另一途徑，就是面對問題，閱讀各種參考書籍，然後再對問題，探討有關聯的各種問題。

如果滿足於現狀，如何能有所改善呢？時常訓練自己，用批判性的眼光來觀察，想要做這種訓練，就要對於自己所做的事，都以「疑問」的眼光來看，尤其是對於慣例，「認為當然的事」，更要以存有疑問的態度去思索。雖要事事存疑，但對於旁人的構想，不要一味挑剔，應該與對方一起研究，並且積極參與。這麼一來，原本不太實用的想像，也會產生意想不到的效果。不要對任何想像加以否定，沒有思考，沒有實踐就沒有發言權。但也不能只要是想像就一味的肯定，因為有些偶然產生的構想，看起來很不錯，但是仔細想想，可能還有更好的方法。

循規蹈矩只有死路一條

滄桑變幻，人情冷暖，世事無常。宇宙永恆，但是世間萬物卻是變化的，「人面不知何處去，桃花依舊笑春風。」在世事的變化無常面前，只有順應變化，才能時安處順。而識時務者總是能適時而變，以適應時刻變化的社會。

有人說：「識時務者為俊傑。」何謂識時務？就是能夠認清時代潮流，能夠跟著客時代潮流的變化而變化，因時制宜，順勢而動。無論古今中外，只有識時務的人才能成為時代的俊傑。反之，如果不識時務，不顧客觀條件的變化和限制，逆勢而行，盲目行動，其結果只能是以雞蛋碰石頭 —— 自取滅亡，或被時代遠遠甩在後頭，最終一事無成。所以大智大勇也須靈活多變。

凡事都要想到別人還沒有想到的一面，方法也必須講求創新，因為人是善變的，任何一種產業都必須不斷改良，以適應市場不斷改變的需求。

「凡事第一個去做的人是天才，第二個去做的人是庸才，第三個去做的人是蠢才。」想成功就應該出奇制勝，用自己獨到的眼光去發現別人未做過的事，這才是大智大勇者所為，也是成功的快捷方式。

1947 年的冬天，在密西根州的洛厄正幫著他的父親做木屑生意。不料有一位鄰居跑進來，想向他們要一些木屑，因為她

的貓房裡的沙土被凍住了，她想換一些木屑鋪上去。當時，年輕的洛厄就從一個舊箱子裡拿出一袋風乾的黏土顆粒，建議對方試試。因為這種材料的吸附能力特別強，當年他父親賣木屑的時候，就是採用這種材料清除油漬的。這樣一來，那位鄰居的燃眉之急就給解決了。

幾天以後，這位鄰居又來了，她想再要一些這樣的黏土顆粒。這時他靈光閃動，突然意識到自己的機會來了。他馬上又弄了一些黏土顆粒，分五磅一裝，總共裝了 10 袋。他把自己的新產品命名為「貓房鋪」。但是大家都笑他，因為一般鋪貓房用的沙子才多少錢一磅呀！

但出人意料的是，洛厄的 10 袋黏土很快就賣完了。而且當這 10 個用戶再次找上門來，指名道姓要買「貓房鋪」的時候，這一下可該輪到洛厄發笑了。一筆生意，一種品牌，一點靈感，一種使命，就這樣創始了。

採用黏土顆粒作為貓房鋪，反倒促使這些小動物變成更受人歡迎的寵物了，同時，洛厄也因此而變得富有了。僅僅在 1995 年洛厄去世前的兩三年時間內，「貓房鋪」的銷售價值就達到了兩億美元。也許可以說，正是洛厄的發明所帶來的生存條件的改善，最終使貓取代狗成為在美國最受歡迎的寵物。

19 世紀中葉，美國加州出現一股淘金熱，許多人都懷著發財夢爭相前往。

循規蹈矩只有死路一條

當時，一個 17 歲的小農夫亞默爾也想去碰碰運氣，然而，他卻窮得連船票都買不起，只好跟著大篷車，一路風餐露宿趕往加州。

到了當地，他發現礦山裡氣候乾燥，水源缺少，而這些尋找金子的人，最痛苦的事情便是沒水喝。許多人一邊尋找金礦，一邊抱怨「要是有人給我一壺涼水，我寧願給他一塊金幣！」、「誰要是讓我痛快喝一頓，我出兩塊金幣也行」。

這些牢騷，居然給了亞默爾一個靈感，他想：「如果賣水給這些人喝，也許會比找金礦賺錢更容易。」

於是，他毅然放棄挖金礦的夢想，轉而開鑿管道、引進河水，並且將引來的水過濾，變成清涼解渴的飲用水。

他將這些水全裝進桶子裡或水壺裡，並賣給尋找金礦的人們。

一開始時，有許多人都嘲笑他：「不挖金子賺大錢，卻要做這些蠅頭小利的事，那你又何必離鄉背井跑到加州來呢？」

對於這些嘲笑，亞默爾毫不為之所動，他專心販賣他的飲用水，沒想到短短的幾天，他便賺了 6,000 美元，這個數目在當時是非常可觀的。

在許多人因為找不到金礦而在異鄉挨餓時，發現商機而且善加運用的亞默爾，卻已經成了一個小富翁。

我們知道，世界上的萬事萬物都是在不斷發展變化的。環

境在變，時勢在變，事態在變，生活在變，人類每一個也都在變。要適應環境、時勢的更迭，應付事態、生活的變化，就得學會隨機應變之術。荀子曾說：「舉措應變而不窮。」能夠隨著時勢、事態的變化而從容應變，是一個人立身處世、建功立業不可或缺的本領。尤其是現代社會飛速發展，生活千變萬化，更需要人們學會應變、善於應變、精於應變。

　　循規蹈矩只有死路一條。辦事首先是講原則，但過於追求規矩，便成了死板，甚至會走上絕境。因此，要想大智大勇一定要善於變通。

逆向思維能助你撥雲見日

　　人生之路千萬條，要想取得事業上的輝煌，向自己的目標進發，就必須大膽探索、不盲從，要對傳統思維方式中錯誤的、陳腐的東西捨棄，要以全新的角度，去解決目標所遇到的問題。當改變不了這個世界的時候，就必須克服困難改變自己。拿星巴克的一個例子來看：

　　近些年，星巴克將事業擴展到世界各地，但是作為咖啡店來講，想大範圍推廣是非常困難的，但有困難不可怕，怕的就是固守陳規，按照常規的思維去辦事。然而恰恰星巴克沒有，他們憑藉企業獨創性的思維和獨特的經營方式，取得了良好的效益，並迅速搶占了咖啡店在世界的市場。

逆向思維能助你撥雲見日

其實即使是同一種的咖啡，如果調製比例不同，其味道也會有差異。不同的咖啡調製師做出來的咖啡，味道也不盡相同。從某種程度上說，咖啡的調製是有特定方法的。但是一般來講，咖啡調製時都是根據自己的經驗和感覺來調製，因此想要咖啡的味道達到標準化，有很大的困難。就算在同一家咖啡店，不同的咖啡調製師做出來的咖啡味道也有可能不同，更何況要讓那麼多家店的咖啡都保持同一種味道，其難度可想而知。

在同一品牌的咖啡店，點同一種咖啡卻喝出不同的味道，自然會有顧客對此表示不滿。為了誠懇接受顧客提出的寶貴意見，進一步改善咖啡味道的標準化體系，星巴克想出了在咖啡杯上標出原料配比刻度的好辦法。於是在星巴克，他們推出了不同於其他咖啡店的、有綠色刻度的標準咖啡杯，一進入市場就贏得了成功。只要有了刻度，咖啡調製師就可以按照尺規調製咖啡，而咖啡的味道的標準化自然就能實現。例如在調製冰咖啡時，第一標線是牛奶，第二標線是咖啡，最後是冰塊。

標有刻度的杯子是其他任何店都沒有的，是星巴克獨一無二的設想。因為有了這個辦法，世界各地的咖啡店調製出的咖啡味道都能達到一致的目標才得以實現。顧客無論在哪裡都能品嘗到自己喜愛的同一口味的咖啡。

想讓商品暢銷，就必須致力於開發顧客需要的產品。而不是改變顧客的態度和口味，而作為企業應該從產品策劃階段就

第2章　敢為天下先，創新產生奇蹟

開始聽取消費者的建議，並且採取積極行動，組成創意開發團隊，用心研究消費者的喜好。正如星巴克董事長所說：「我們喜歡打破常規。」舒爾茲很清楚知道，雖然星巴克現在處於領先位置，但是要保持領先，就必須不斷創新，堅持投顧客所好，這樣才能創造良好的業績。事實上星巴克也的確是這樣做的，所以他們成功了。而麥當勞之所以能從小規模的私營企業發展成今天規模如此龐大的成功的大型跨國企業，正是因為在激烈的競爭中擁有自己獨創性的產品和服務標準。因此不能盲目跟著別人走，而應該另闢蹊徑打開世界市場。

穆罕默德說：「堅定的信念足以移山。」有人刁難他說：「那麼現在請您把山移走。」穆罕默德只好應承說：「某月某日，我把山移走。」到了那天，山沒有動靜。穆罕默德一點也不驚慌，神態自若地說：「山呀，你要移動，你要過來。」說了許多次，山還沒有動靜。穆罕默德又一點也不驚慌，神態自若地說：「假如山要移動，大家都會被壓死。神愛世人，所以不讓它出來。雖然山不來，我卻可接近它。」

這段話意在說明：對於無法實現的目標，改變已是不可能了，但這並不意味著絕路，此時請你嘗試著改變自己。這也就是所謂的運用逆向思維來解決問題。所謂逆向思維，就是突破傳統性思維方式，對事對物反過來想，以達到創造機會的目的。我們可以戲稱這種善於逆向思維的人為「反動派」。有逆

向性思維的人，在生活中的表現常常令人稱奇，「他為什麼會想到這樣做呢？」

　　相傳北宋史學家司馬光，童年時代就常常表現的聰明過人。有一天，司馬光和許多小孩一起在一個大花園中玩耍，有一個小孩在爬假山時，腳下一滑，跌進了假山下一口有大人高的盛滿水的大水缸中。別的孩子一見，個個驚慌失措，呼叫著四散而逃。而司馬光見狀，卻不慌不忙，搬起一塊大石頭，用力朝大水缸砸了過去。水缸被砸破了，水嘩嘩流光了，落水孩子終於得救了。按照普遍的做法，小孩落水，都是採用從水中將之抱起來的「傳統救法」，而司馬光卻一反常規，用砸缸救人的辦法救出了小孩。因為根據當時情況，還沒有人能一下子從大水缸裡抱起落水的孩子，雖然水缸被砸破了，但卻達到了迅速救人的目的。司馬光採取這種救人方法就是依靠逆向思維來完成的。

　　人有逆向思維是很正常的，每個人的生命開始，都是頭向下而出來的，因此人類擁有逆向思維也是順理成章的，從反方向思考，或把問題顛倒來看，往往能有獨特的見解，這種案例在日常生活和工作中很多，它能出奇制勝「反其道而思之」，結果是取得意料不到的成功。

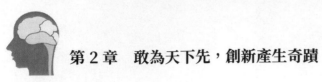

第 2 章　敢為天下先，創新產生奇蹟

第 3 章

沒有做不到，只有想不到

在這個世界上，沒有做不到的事情，只有想不到的事情，只要你能想得到，下定決心去做，就一定能做到。凡是決心取得勝利的人，從來不說「不可能」，只要你還能忍耐，還在堅持，你就有希望在最後一秒扭轉乾坤。我們無論在什麼情況下，都應該做命運的主人，更應該在逆境中學會做強者。

第 3 章　沒有做不到，只有想不到

挫折是邁向成功的墊腳石

　　挫折是一筆可貴的財富，沒有人會不勞而獲，在走向成功的道路上，你要付出汗水，還要勇敢面對挫折與失敗。當我們觀察成功人士時，會發現他們都經歷不同程度的艱難階段。

　　當失敗來臨時，有的人只會躺在地上罵個不停，或者會跪在地上，準備伺機逃跑，以免再次受到打擊。但有的人的反應卻大不相同。他被打倒時，會立即反彈起來，同時會汲取這個寶貴的經驗，繼續往前衝刺。

　　幾年前，教授把畢業班的一個學生的成績打了不及格，這件事對那個學生打擊很大。因為他早已做好畢業後的各種計畫，現在不得不取消。他只有兩條路可走：第一是重修，下年度畢業時才拿到學位；第二是不要學位，一走了之。

　　在知道自己不及格時，他非常失望，並找這位教授要求通融一下。在知道不能更改後，他大發脾氣，向教授發洩。這位教授等待他平靜下來後，對他說：「你說的大部分都很對，確實有許多知名人物幾乎不知道這一科的內容。你將來很可能不用這門知識就獲得成功，你也可能一輩子都用不到這門課程裡的知識，但是你對這門課的態度卻對你大有影響。」

　　「什麼意思？」這個學生問道。教授回答說：「我能不能給你一個建議呢？我知道你相當失望，我了解你的感覺，我也不會怪你。但是請你用正向態度來面對這件事吧。這一課非常非

常重要，如果不能由衷培養正向心態，根本做不成任何事情。請你記住這個教訓，五年以後就會知道，它是使你收穫最大的一個教訓。」

後來這個學生又重修了這門功課，而且成績非常優異。不久他特地向這位教授致謝，並非常感激那場爭論。

「這次不及格真的使我受益無窮。」他說，「看起來可能有點奇怪，我甚至慶幸那次沒有通過。因為我經歷了挫折，並嘗到了成功的滋味。」

從挫折中吸取教訓，好好利用，就可以對失敗泰然處之。千萬不要把失敗的責任推給你的命運，要仔細研究失敗的實例。如果你失敗了，那麼繼續學習吧！世界上有無數人，一輩子渾渾噩噩，碌碌無為，他們對自己的平庸總會有這樣或那樣的解釋，這些人仍然像小孩那樣幼稚與不成熟；他們只想得到別人的同情，沒有主見。他們一直想不通這一點，才一直找不到使他們變得更偉大，更堅強的機會。

不管是暫時的挫折還是逆境，只要你把它當作是一種教訓，它就不會在你的意識中成為失敗。事實上，在每一種逆境、每一個挫折中都存在著一個持久性的教訓。通常來說，這種教訓是無法以挫折以外的其他方式獲得的。通常來說，這種教訓是無法以挫折以外的其他方式獲得的，它幫助我們不再犯同樣的錯誤。

1924 年，美國家具商尼科爾斯的家突然起火，大火把家

裡的一切燒得精光，也把他準備出售的家具燒光。看著一片狼藉，他把雙手死死按在頭髮上，心情壞極了。突然，這燒焦松木獨特的形狀和漂亮的木紋吸引住他的目光，他從這些焦松木上找到了轉機。

正是這場意外的大火，燒出了尼科爾斯的希望。他小心翼翼用碎玻璃片削去沉灰，再用砂紙打磨光滑，然後再塗上一層油漆，一種溫暖的光澤和紅松般清晰的紋路呈現眼前。尼科爾斯驚喜地狂叫起來，馬上製作出仿紋家具，就這樣，仿紋家具從此誕生了。大家都來爭相購買他製作的家具，生意十分興隆。有人評論說：「尼科爾斯獨具特色的家具像一隻在火灰裡死而復生的不死鳥一樣蓬勃興起。」一場大火為他帶來災難，同時也帶來了新產品和金錢。現在尼科爾斯創造的第一套仿紋家具收藏在紐約州博物館。

暫時的挫折並不可怕，只要不絕望，堅定信心，就完全可以把挫折當作走向成功的轉機。不論在什麼時候發生了什麼事情，都要記住：厄運與幸運往往是交替出現的。當幸運來臨時，固然要把握它，利用它；而當事情開始朝向壞的地方轉變時，或者當所謂厄運當頭的時候，就要當機立斷採取行動，將厄運的影響降低到最小，並努力擺脫它所帶來的陰影，讓生命開始新的征程。

跌倒了，再爬起來

世界上的事不可能盡如己意。失敗和挫折是難免的，如果遇到意外事件就悲觀，這是懦夫的表現。真正的成功者，真正的強者不會整天憂心忡忡，他們會衝破前進路上的障礙，他們也能心平氣和地做自己應該做的事情。

一位砍柴為生的樵夫常年住在山裡，他每天都不辭辛苦地勞動，為的就是建一座能為他擋風遮雨的房子。在他不懈的努力下，房子終於建好了。

可天有不測風雲，一日他挑著砍好的木柴到城裡去賣，當他黃昏回家時，卻發現房子起了大火。左鄰右舍都來幫忙救火，但因為傍晚的風勢過於強大，人們盡了最大的努力還是沒有辦法將火撲滅，所有的人只能唉聲嘆氣，眼睜睜看著熾烈的火焰吞噬了整棟木屋。

大火終於滅了，人們的目光都集中在樵夫身上，目光裡滿是同情，所有人都以為樵夫會傷心哭泣，可是他們卻發現樵夫手裡拿了一根棍子，跑進倒塌的屋裡不停地翻找著。圍觀的人以為他正在翻找藏在屋裡的珍貴寶物，所以也都好奇在一旁注視著他的舉動。

過了半晌，樵夫終於興奮地叫著：「我找到了！我找到了！」鄰人紛紛向前探個究竟，才發現樵夫手裡捧著的是一柄斧頭，根本不是什麼值錢的寶物。只見樵夫興奮地將木棍嵌進斧頭

裡，充滿自信地說：「只要有這柄斧頭，我就可以再建造一個更堅固耐用的家。」

是呀，只要決心和毅力不倒，跌倒了又怎樣呢？爬起來，一切都可以重來。拿破崙（Napoléon Bonaparte）說過：「人生的光榮不在永不失敗，而在於能夠屢敗屢戰。」成功的人不是從未被擊倒過，而是在被擊倒後，還能夠往成功之路不斷邁進。跌倒了再爬起來，這才是能夠實現自我的人生態度！

英國史學家卡萊爾（Thomas Carlyle）經過多年的艱辛耕耘，終於完成了《法國大革命史》的全部文稿。他將這本巨著的底稿全部託付給自己最信賴的朋友米爾，請米爾提出寶貴的意見，以求文稿的進一步完善。但是隔了幾天，米爾臉色蒼白、上氣不接下氣地跑來，萬般無奈向卡萊爾說出了一個悲慘的消息：《法國大革命史》的底稿，除了少數的幾張散頁外，已經全部被他家的女傭當作廢紙，丟進火爐裡燒為灰燼了。面對突如其來的打擊，卡萊爾沮喪不已。當初他每寫完一章，便順手把原來的草稿撕得粉碎。他嘔心瀝血撰寫的這部《法國大革命史》，竟沒有留下任何可以挽回的紀錄。但卡萊爾還是重新振作起來。他平靜地說：「這一切就像我把筆記本交給小學老師批改時，老師對我說：『不行，孩子，你一定要寫得更好一點！』」於是，他又買了一大批稿紙，從新開始了又一次嘔心瀝血的寫作。我們現在讀到的《法國大革命史》，便是卡萊爾第二次寫作的結果。

卡萊爾的精神讓人感動。就英雄本色而論，許多傑出的人物，許多名垂青史的成功者，他們人生的成敗，並不是得益於旗開得勝的順暢、馬到成功的得意，反而是失敗造就了他們。這就正如孟老夫子所說的：「天將降大任於斯人也，必先苦其心志，勞其筋骨，餓其體膚，空乏其身，行拂亂其所為，所以動心忍性，曾益其所不能。」在失敗面前，不要氣餒，把它轉變成對自己有利的經驗及能力，這樣就能幫助自己創造更大的成績。

成功的祕訣在於執著

堅持二字說起來容易，做起來則沒那麼簡單。實際上，成功的祕訣在於執著，成功偏愛執著的追求者。世界上許多名人的成功都來自於克服千辛萬苦，持之以恆的努力。稍有困難便更改航向或經不起外界的誘惑，恐怕會永遠遠離成功。

對那些拒絕停止戰鬥的人來說，他們永遠都有勝利的可能。

如果你發現自己所處的情勢似乎與勝利無緣，你可以展開一些對自己動機有利的行動。如果正面的攻擊無法攻占目標，那麼試著以側面進攻。生命中很少有解決不了的難題。再困難的障礙也阻礙不了一個有決心，並且有足夠的彈性來對抗情況變化的人。

許多失敗，其實如果肯再多堅持一分鐘，或再多付出一點努力，是可以轉化為成功的。

成功會帶來成功，失敗亦會接連不斷。

物理上，異性會相吸而同性則相斥，但人類彼此的關係則恰好相反。消極的人只會與消極的人在一起，具有積極心態的人會吸引具有類似想法的人。你也會發現，當你成功以後，其他的成就也會不斷來到，這就是疊加的道理。

自信源於過去的成功經驗，成功的過程中會遇到許多艱難、困苦與挫折失敗，戰勝他們的最基本法則就是心理上先做好準備。要有敏銳的目光，看清成功背後的真相，要有持續的毅力，堅持到困難向你退縮，要有勇氣和行動，當發現困難的弱點後不失時機給它致命一擊。

當事情愈來愈困難，大多數人都會放手離開，只有意志堅決的人，除非勝利，絕不肯輕言放棄。

迪士尼在上學的時候，就對繪畫和描寫冒險生涯的小說非常入迷，並很快就讀完了馬克‧吐溫（Mark Twain）的《湯姆歷險記》（The Adventures of Tom Sawyer）等探險小說。一次，老師出繪畫作業，小迪士尼就充分發揮自己的想像力，把一盆的花朵都畫成了人臉，把葉子畫成人手，並且每朵花都以不同的表情來表現自己的個性。按說這對孩子來說應該是 —— 件非常值得肯定的事，然而老師根本就不理解孩子心靈中的美妙世界，竟然認為小迪士尼這是胡鬧，說：「花就是花，怎麼會有人形？不會畫畫，就不要亂畫了！」並當眾把他的作

成功的祕訣在於執著

品撕得粉碎。小迪士尼辯解說：「在我的心裡，這些花確實是有生命的啊，有時我能聽到風中的花朵在向我問好。」老師感到非常氣憤，就把小迪士尼拎到講臺上狠狠毒打一頓，並告誡他：「以後再亂畫，比這打得還要狠。」

值得慶幸的是，老師的這頓毒打並沒有改變他「亂畫的毛病」，小迪士尼一直在努力追求著成為一個漫畫家的夢想。

第一次世界大戰美國參戰後，迪士尼不顧父母的反對，報名當了一名志願兵，在軍中做了一名汽車駕駛員。閒暇的時候，他就創作一些漫畫作品寄給國內的一些幽默雜誌，他的作品竟然無一例被退了回來，理由就是作品太平庸，作者缺乏才氣和靈性。

戰爭結束後，迪士尼拒絕了父親要他到自己的冷凍廠工作的要求，他要去實現他童年時就立誓實現的畫家夢。他來到了堪薩斯市，他拿著自己的作品四處求職，經過一次又一次的碰壁之後，終於在一家廣告公司找到了一份工作。然而，他只做了一個月就被辭退了，理由仍是缺乏繪畫能力。

1923 年 10 月，迪士尼終於和哥哥羅伊在好萊塢一家房地產公司後院的一個廢棄的倉庫裡，正式成立了屬於自己的迪士尼兄弟公司，不久，公司就更名為「華特‧迪士尼公司」。

雖然歷盡了坎坷，但他創造的米老鼠和唐老鴨幾年後便享譽全世界，並為他獲得了 27 項奧斯卡金像獎，使他成為世界

上獲得該獎最多的人。他死後，《紐約時報》刊登的訃告這樣寫道：

「華特‧迪士尼開始時幾乎一無所有，僅有的就是一點繪畫才能，與所有人的想像不相吻合的天賦想像力，以及百折不撓一定要成功的決心，最後他成了好萊塢最優秀的創業者和全世界最成功的漫畫大師……」

失敗並不可怕，可怕的是你面對失敗時的態度。華特‧迪士尼面對失敗，面對別人的批評，他沒有否定自我，沒有放棄，而是堅強走了下去。

也許，無論我們怎樣奮鬥，都不會有迪士尼那樣的輝煌成就，可是如果你沒有迪士尼不怕失敗的精神，你注定不會成功。

堅持就是勝利，執著走向成功。還有一則故事值得一讀。

1977 年美國一家園藝所在報上公布，要重金求購白色金盞菊，一位老人看到這條資訊，第一個反應就是要讓金盞菊改變它原來的本色，這實在令人難以置信。然而仔細琢磨，又覺得或許真有這種可能，於是想試一試。

子女們得知母親要培育白色金盞菊，都覺得是異想天開。一個孩子潑冷水說：「連專家都無能為力，你不懂種子遺傳學，又這麼大年紀了，怎麼可能呢？」子女們都不願做，老人沒有找到幫手，只好一個人動手。

成功的祕訣在於執著

　　金盞菊有淡黃和橘黃兩種顏色，老人滿懷熱切的希望，選擇了淡黃色的進行培育。經過精心的照料，金盞菊一株株拱出地表，一朵朵應時綻開。老人從中選出顏色最淺的做上標記，待其枯萎後選用這棵金盞菊的種子。用這種方式選擇含色素少的花，年復一年培育，終於使金盞菊的顏色一年年泛白。

　　其間女兒遠嫁他鄉，丈夫撒手人寰，生活發生了許多變故，都未能動搖老人讓鮮花變色的信念。終於有一天，老人所培育的金盞菊已不染一絲雜色，呈現出一片聖潔的雪白。驀然回首，已走過了 20 個春秋。老人抑制不住成功的喜悅，欣然將花種寄給懸賞的那家園藝所。

　　等待了將近一年，也就是種子育出芳姿的時候，老人接到園藝所長打來的電話：「我們見識了你培育的金盞菊，花朵的顏色確實潔白如雪。不過由於時間太久，過去許諾的獎金已無從兌現，你還有什麼別的要求嗎？」老人興致不減說：「我只想問一下，你們要不要黑色的金盞菊？如果要的話，我也能把它種出來。」

只要功夫深，鐵棒磨成針

有人說，執著和痴情是創造奇蹟的一斧一鑿，有了這兩樣東西，世上就沒有什麼不可能的事；也有人說，鍥而不捨是成功的第一要素，只要門敲得夠響夠久，總會有人被你喚醒。

中華歷史幾千年，因執著專一而終成大氣者大有人在，明代卓越的醫藥家李時珍就是其中的一位。

李時珍出生在一個世代行醫的家庭，他父親是當地很有名望的名醫。父親的薰陶為李時珍打下了良好的醫學基礎。然而，明朝科舉盛行，醫生的職業並不被看好，因此他父親期盼自己的兒子能夠科考題名，光宗耀祖。雖然李時珍 14 歲就考上了秀才，但他對科考並無興趣，後來三科次考均未中。從此，李時珍不再把心思放在自己並不喜歡的科舉考試上，而是沉下心鑽研醫學，決心在醫學上有所建樹。

經過長期的醫療實踐，李時珍醫治好了不少疑難雜症，累積了大量的診治經驗，年方而立便遠近聞名。他 33 歲時，曾被楚王請去掌管王府的良醫所，後又被推薦到京城太醫院任職，但終因看不慣官場污穢，不久便託病辭職回家。

回到家鄉後，李時珍覺得自己所讀的大量醫藥著作均有瑕疵，有的分類雜亂，有的內容不全，還有不少藥物根本就沒有記載。由此他突發奇想，覺得有必要對藥物書籍進行整理和補充。這個念頭一冒出來，就再也壓不下去，成為他為之終生奮

鬥的目標。經過反覆衡量後，他決心在宋代唐慎微編的《證類本草》的基礎上，重新編著一本完善的藥物學著作。

編著一本完善的藥物著作，這事說起來不容易，做起來就更難。其實李時珍已經是名醫，僅憑醫術就遠近聞名，大可不必去做這件勞神費力的事情。可是李時珍不這麼想，他認為這是造福天下的大事，雖然困難重重，但一定要做，而且一定要做好。

為了編著這本醫藥著作，李時珍不辭勞苦，足跡踏遍了河南、江西、江蘇、安徽等地。每到一處，他都放下身段，虛心向當地藥農和其他人請教。為了採集藥物標本，收集民間驗方，他有時鑽進深山老林，有時親臨鄉村草舍，每得到一味新藥都如獲至寶。為了弄清藥物的性能和效用，他甚至不顧危險親自品嘗。他的執著，他為了醫藥事業的發展而獻身的精神感動了許多人，大家都伸出熱情的手，幫他搜集藥方，有的人甚至把家裡的祖傳祕方也拿出來交給了他。經過如此艱辛的親身實踐，李時珍獲得了許多書本上沒有的知識，得到了很多藥物標本和民間驗方，為豐富《本草綱目》一書的內容打下了堅實的基礎。

從 35 歲開始，李時珍動手編寫《本草綱目》。在編寫過程中，他參考了 800 多種書籍，經過三次大規模的修改，終於將藥物學巨著 ——《本草綱目》寫成，這期間整整經過了 27 年。從一個 35 歲的年輕人寫成了 60 多歲的老人

第 3 章　沒有做不到，只有想不到

　　李時珍傾其一生的精力，編寫了連西方人也讚譽為「東方醫學巨典」的《本草綱目》，為後人留下了一筆寶貴的醫學財富。他以堅毅執著、矢志不移的精神，朝著心中既定的目標前進，終於到達了成功的彼岸，完成自己最想做的事。他的名字也像《本草綱目》一樣在人們心中代代流傳。

　　其實無論是誰，在確定自己要做某一件事情時，就應該堅定朝著自己心中的目標前進。在做事的過程中，毫無疑問會遇到困難，假如一遇到困難就打退堂鼓，肯定將一事無成。「只要功夫深，鐵棒磨成針」。只有抱著鍥而不捨的精神迎難而上，用信念和智慧去克服一個又一個前進路上的困難，才能到達成功的彼岸，這是成功的不二法則。

　　人在奮鬥的過程中吃盡了苦頭，而最後的笑聲才是最甜的，最後的成功才是決定意義的成功，起初的成就和痛苦只不過都是為後來而設的基石。

　　1864 年 9 月 3 日這天，寂靜的斯德哥爾摩市郊，突然爆發出一陣震耳欲聾的巨響，滾滾的濃煙衝上天空，火花直往上竄。僅僅幾分鐘，一場慘禍發生了。當驚恐的人們趕到出事現場時，只見原來屹立在這裡的一座工廠已蕩然無存，無情的大火吞沒了一切。火場旁邊，站著一位三十多歲的年輕人，突如其來的慘禍和刺激，已使他面無血色，渾身不住地顫抖著……這個大難不死的青年，就是後來聞名於世的阿爾弗雷德‧諾貝

只要功夫深，鐵棒磨成針

爾（Alfred Bernhard Nobel）。

　　諾貝爾眼睜睜看著自己所創建的硝化甘油炸藥的實驗工廠化為灰燼。人們從瓦礫中找出了五具屍體，其中一個是他正在大學讀書的活潑可愛的小弟弟，另外四人也是和他朝夕相處的親密助手。五具燒得焦爛的屍體，令人慘不忍睹。諾貝爾的母親得知小兒子慘死的噩耗，悲痛欲絕。年老的父親因太受刺激引起腦溢血，從此半身癱瘓。然而諾貝爾在失敗和巨大的痛苦面前卻沒有動搖。

　　慘案發生後，警察當局立即封鎖了事故現場，並嚴禁諾貝爾恢復自己的工廠實驗。人們像躲避瘟神一樣避開他，再也沒有人願意出租土地讓他進行如此危險的實驗。困境並沒有使諾貝爾退縮，幾天以後，人們發現，在遠離市區的馬拉侖湖。出現了一艘巨大的平底駁船，駁船上並沒有裝什麼貨物，而是擺滿了各種設備，一個青年人正全神貫注地進行一項神祕的實驗。他就是在大爆炸中死裡逃生、被當地居民趕走了的諾貝爾。無畏的勇氣令死神也望之卻步。在令人心驚膽戰的實驗中，諾貝爾沒有連同他的駁船一起葬身魚腹，而是碰上了意外的機遇──他發明了雷管。雷管的發明是爆炸學上的一項重大突破，隨著當時許多歐洲國家工業化進程的加快，開礦山、修鐵路、鑿隧道、挖運河都需要炸藥。於是人們又開始親近諾貝爾了。他把實驗室從船上搬遷到斯德哥爾摩附近的溫爾維特，

正式建立了第一座硝化甘油工廠。接著，他又在德國的漢堡等地建立了炸藥公司。一時間，諾貝爾生產的炸藥成了搶手貨，源源不斷的訂單從世界各地紛至遝來，諾貝爾的財富與日俱增。

　　諾貝爾成功的經歷告訴我們，恆心是實現目標過程中不可缺少的條件，恆心是發揮潛能的必要條件。恆心與追求結合之後，就形成了百折不撓的巨大力量。

　　在人的一生中，不免會遇到各種各樣的困難，但我們要像諾貝爾一樣，樹起恆心，拿起希望，放下悲傷，走向自己的人生目標。

自古英雄多磨難

　　每個人都想成就一番輝煌的事業，但成就大事業並不是一帆風順的，要經過一番磨煉，才可能獲得豁然開朗的境界，功成名就的成績。

　　羅納德‧雷根（Ronald Wilson Reagan），被認為是美國歷史上最偉大的總統之一，他年輕時的一段經歷讓他終生難忘，也教會了他如何面對挫折。

　　「最好的總會到來。」每當他失意時，他母親就這樣說，「如果你堅持下去，總有一天你會遇上好運。並且你會認識到，要是沒有從前的失望，好運是不會發生的。」

　　母親是對的，1932 年從大學畢業後雷根發現了這點。他當

自古英雄多磨難

時決定試試在電臺找工作，然後再設法去做一名體育廣播員。於是他搭便車去了芝加哥，敲了所有電臺的門，但都失敗了。在一個廣播室裡，一位很和氣的女士告訴他，電臺是不會冒險僱用一名毫無經驗的新手的。

「再去試試，找家小電臺，那裡可能會有機會。」她說。雷根又搭便車回到了伊利諾依州的迪克遜。雖然迪克遜沒有電臺，但他父親說，蒙哥馬利·沃德開了一家商店，需要一名當地的運動員去經營它的體育專櫃。由於雷根少年時在迪克遜中學打過橄欖球，他提出了申請，那工作聽起來正合適，但他沒能如願。

雷根感到十分失望和沮喪。「最好的總會到來。」他母親提醒他說。父親借車給他，他駕車行駛了 70 英里來到了特萊城。他試了愛荷華州達文波特的 WOC 電臺。節目部主任是位很不錯的人，叫彼特·麥克亞瑟；他告訴雷根說他們已經僱用了一名廣播員。當雷根離開這個辦公室時，受挫的心情一下子發作了。雷根大聲地喊道：「要是不能在電臺工作，又怎麼能當上一名體育廣播員呢？」說話的時候，他正在那裡等電梯，突然聽到了麥克亞瑟的叫聲：「你剛才說體育什麼？你懂橄欖球嗎？」接著他讓雷根站在　架麥克風前，叫他憑想像播一場比賽。雷根腦中馬上回憶起去年秋天時，他所在的那個隊在最後 20 秒時以一個猛衝擊敗了對方。在那場比賽中，他打了 15 分鐘。他便

試著解說那場比賽。然後麥克亞瑟告訴他，他將選播星期六的一場比賽。

雷根在回家的路上，就像自那以後的許多次一樣，他想到了母親的話：「如果你堅持下去，總有一天你會遇上好運。並且你會認識到，要是沒有從前的失望，好運是不會發生的。」

在人生奮鬥中，不慎跌倒並不表示永遠的失敗，唯有跌倒後，失去了奮鬥的勇氣才是永遠的失敗。我們若以平常心觀之，失敗本身也就不足為奇。一個人若沒有經歷過失敗，他就難以嘗到人生的辛酸和苦澀，難以認識到生命的底蘊，也就不可能進入真正寧靜祥和的境界。

司馬遷生活在西漢王朝的鼎盛時期，伺候的是雄才大略的漢武帝劉徹。司馬遷的父親是一名記載文史的史官。

在司馬遷小的時候，父親就灌輸給他成大事的思想，說：「每五百年就會出現一部偉大的作品，現在距離孔子作《春秋》已經有五百年了，該出現偉大的人物和作品了。」司馬遷牢記著父親的話，也是這句話孕育著他想成為那位偉大人物的雄心壯志。

漢武帝大力興修水利，發展農業，養兵征戰開拓疆域，使華夏版圖空前遼闊。這些都成了司馬遷成就《史記》的歷史背景。

為了寫這部鴻篇巨制的史書，司馬遷實地巡訪祖名山大川，考察古代流傳下來的趣聞軼事，了解和搜集各種散失的歷史資料，歷經數年，行跡幾萬里，為寫作《史記》搜集了大量

的材料。西元前 108 年，司馬遷被正式任命為太史令，開始了《史記》的編撰工作。

西元前 98 年，名將李廣的後人李陵率兵攻打匈奴，陷入重圍，兵敗投降。朝臣們讒言主將李廣利的無能（李廣利是皇親國戚，他妹妹是漢武帝的美人），將敗北責任都推到李陵身上，而司馬遷這時候卻為李陵辯護。他認為李陵是名將李廣之後，絕對不會無緣無故投降的，就是因為這件事，沒想到落了個「誣罔主上」的死罪。按漢律規定，交 50 萬錢或受宮刑可以免除死罪，司馬遷家貧，交不出錢贖罪，但為了實現編寫《史記》的雄心，只好蒙受宮刑的奇恥大辱。

兩年後，司馬遷遇大赦出獄。他被漢武帝任命為「中書令」（在皇帝身邊掌管文書機要的宦官），繼續《史記》的撰寫工作。

受刑後的司馬遷，遭受著世人百般誹謗和恥笑，終日冷汗滲背，神情恍惚，苦不堪言。縱然如此，他仍是筆耕不輟，歷經十幾個春秋，大約在西元前 93 年，完成了這部史學巨著：中國第一部融史學、文學於一體的紀傳體通史 ——《史記》，理清了中國從遠古到漢武帝的歷史，實現了自己的鴻鵠大志。

司馬遷生活在封建社會，受宮刑足以使一個意志薄弱的人想到自殺。因為受過宮刑，備受世人的嘲笑與欺凌，就連自己的親人也避而遠之。司馬遷精神幾乎崩潰，但是《史記》剛開

始撰寫，他必須活下去，去完成這部睥睨古今、鴻篇巨制。這需要有非凡的毅力才能完成，司馬遷歷經身心煎熬終於造就出了前無古人的史書。

司馬遷是百年難遇的偉大人物，但在我們現實生活中，能經得住像司馬遷一樣苦難的人並不多，而隨便的小小打擊就使人一蹶不振的事例卻屢見不鮮。

自古英雄多磨難。一個平凡人成為一個領域的英雄或者成為一個時代的英雄，是挫折和磨難使然，因為英雄和平凡人的區別就在於，英雄在逆境中抓住了逆境背後的機遇，在絕境中創造了奇蹟。而平凡人在逆境中選擇了隨波逐流，在絕境中選擇了放棄。

沒有困難，不必製造困難；遇到困難，不要回避困難；去正面迎對，你才有機會成功，才能做出大事業。

堅持不懈，笑對挫折

堅定的信念是獲取成功的動力。很多時候，成功都是在最後一刻才蹣跚到來。因此做任何事情我們都不應半途而廢，哪怕前行的道路再苦再難，也要堅持下去，這樣才不會為自己的人生留下遺憾。

「永不放棄，堅持到底。」是生活中人們常用來勉勵自己的話，你是否做到了呢？

堅持不懈，笑對挫折

曾經，有兩個探險者迷失在茫茫的大戈壁灘上，他們因為長時間缺水，嘴唇裂開了一道道的血口，如果繼續缺水，兩個人只能活活渴死。一個年長的探險者從同伴手中拿過空水壺，鄭重說：「我去找水，你在這裡等著我。」接著，他又從行囊中拿出一支手槍遞給同伴說：「這裡有六顆子彈，每隔兩個時辰你就開一槍，這樣當我找到水後就不會迷失方向，就可以循著槍聲找到你，千萬要記住了！」

看著同伴點了頭，他才信心十足的蹣跚而去……

等待是漫長而痛苦的，尤其是對於這個還很年輕的人來說，因為他不知道自己的同伴能否找得到水，也不知道找到水的同伴能否找得到他。時間在悄悄地過去，每鳴放一槍，探險者心中的弦就好像斷掉了一根，10 個小時過去了，槍膛裡已經僅剩下最後一顆子彈，還是未見到找水的同伴的蹤影。

他一定被風沙淹沒了，或者找到水後留下我一個人走了……年輕的探險者絕望的想著，一分一秒數著，焦急的等待。口渴和恐懼伴隨著絕望潮水般淹沒了他的腦海，他似乎嗅到了死亡的氣息，感到死神正面目猙獰地向他緊逼而來……

他扣動扳機，將最後一顆子彈射出。只不過，這一次他不是射向天空，而是他自己的腦袋。

當他的同伴帶著滿滿的兩大瓶水尋聲趕來的時候，看到的是同伴的屍體。年輕的探險者是不幸的，因為他放棄了堅持，

同時也就放棄了自己寶貴的生命。

　　事情往往都是這樣，就是在最接近成功邊緣的時候，我們的身體也接近了極限，信念也承受著最後的考驗，很多人在這最後的時刻沒有堅持住，跌倒在成功的門前，從而讓自己的人生留下遺憾。

　　生活中，人們所遭遇的各種各樣的困難挫折就像是壓在人們身上的「泥沙」。人們只要以鍥而不捨的精神將它抖落，然後站上去，「泥沙」就變成了成功道路上的墊腳石。「艱難困苦，玉汝於成。」只要你能堅持不懈，困難自會低頭，成為磨煉我們堅強性格的磨刀石。

　　小澤征爾堪稱是全日本足以向世界誇耀的國際大音樂家、著名指揮家，然而，他之所以能夠取得今天著名指揮家的地位，乃是參加貝桑松音樂節的「國際指揮比賽」帶來的。

　　在這之前，他不只與世界無關，即使是在日本，他也是名不見經傳。因為他的才華沒有表現出來，不為人所知。

　　他決心參加貝桑松的音樂比賽，來個一鳴驚人，經過重重困難，他終於充滿信心來到歐洲。但一到當地後，就有莫大的難關在等待他。

　　他到達歐洲之後，首先要辦的是參加音樂比賽的手續，但不知為什麼，證件不夠齊全，不能被音樂節組委會正式受理，這麼一來，他就無法參加期待已久的音樂節了！

　　他沒有就此放棄，而是盡全力積極爭取。

堅持不懈，笑對挫折

首先，他來到日本大使館，將整件事說明原委，然後要求幫助。

日本大使館無法解決這個問題，正在束手無策時，他突然想起朋友過去告訴他的事。

「對了！美國大使館有音樂部，凡是喜歡音樂的人，都可以參加。」

他立刻趕到美國大使館。

這裡的負責人是位女性，名為卡莎夫人，過去她曾在紐約的某音樂團擔任小提琴手。

他將事情的本末向她說明，拼命拜託對方，想辦法讓他參加音樂比賽，但她面有難色表示：

「雖然我也是音樂家出身，但美國大使館不得越權干預音樂節的問題。」

她的理由很充分。

但他仍執著地懇求她。

原本表情僵硬的她，逐漸浮現出笑容。

思考了一下，卡莎夫人問了他一個問題：

「你是個優秀的音樂家嗎？或者是個不怎麼優秀的音樂家？」

他刻不容緩地回答：「我自認是個優秀的音樂家，我是說將來可能……」

他這幾句充滿自信的話，讓卡莎夫人的手立即伸向電話。

第3章　沒有做不到，只有想不到

　　她聯絡貝桑松國際音樂節的實行委員會，拜託他們讓他參加音樂比賽，結果，實行委員會回答，兩週後做最後決定，請他們等待答覆。

　　此時，他心中便有一絲希望，若是還不行，就只好放棄了。

　　兩星期後，他收到美國大使館的答覆，告知他已獲准參加音樂比賽。

　　這表示他可以正式參加貝桑松國際音樂指揮比賽了！

　　參加比賽的人，總共有 60 位，他很順利通過了第一次預選，終於來到正式決賽，此時他嚴肅地想：「好吧！既然我差一點就被逐出比賽，現在就算不入選也無所謂了！為了不讓自己後悔，我一定要努力。」

　　後來他獲得了冠軍。

　　就這樣，他建立了世界大指揮家不可動搖的地位，我們可從他的努力中看出，直到最後，他都沒有放棄，很有耐心奔走日本大使館、美國大使館，為了參加音樂節，盡了最大的努力，如此才能為他招來好運 —— 獲得貝桑松國際指揮比賽優勝、成為享譽國際的名指揮家，建立現在的地位。

　　現代生活中，個人與事業同樣都無可避免要遇到各種挫折。面對困難和挫折，有的人會出現暴怒、恐慌、退縮等情緒，影響了學習和工作，損害了身心健康。這種人就是缺乏雄心壯志，甘願平庸的人。有的人卻笑對挫折，對環境的變化做

出靈敏的反應，善於把不利條件化為有利條件，擺脫失敗，走向成功。

如果我們對於要實現的目標有堅定的信念和不斷向前的野心，我們便能戰勝逆境。如果能夠樹立起一種成大事的雄心壯志，我們便會把挫折僅僅看成是我們要越過的障礙，看成是對我們的智慧的挑戰。相反，那些缺乏雄心壯志甘願平庸的人，就缺乏這種堅強的力量，他們往往把挫折變成摧毀自我信念的工具，變成自己前進道路上不可逾越的難關。

任何挫折都只是人生中的一道小坎，可真正能跨過坎的人卻很少，大多數人只會埋怨小坎為什麼總是纏著他。

克服一切困難，走向成功

一個有雄心壯志的人就像彈簧，越是有壓力的時候就越能顯示出自己的能力，遇挫而更強。

當我們在家庭和學校時，心安理得過著衣食無憂的生活。但是當我們一腳跨進社會，此時我們才會明白庇護我們的避風港沒有了，迎接我們的將是驚濤駭浪。在困難面前，有的人迷茫了，認為希望就像泡泡一樣破滅。但就是這個時候，我們更應該懂得這只是我們人生真正考驗的開始。有時候，面對嚴峻的挑戰，有的人退縮了，有的人這樣安慰自己「退一步海闊天空」，這是懈怠的跡象和苗頭。我們應該有「欲窮千里目，更

第3章　沒有做不到，只有想不到

上一層樓」的雄心壯志，堅決與困難不妥協，從而克服一切困難，走向成功。

艾米總是向父親抱怨她的生活艱辛。她不知該以何種態度來面對生活中的困擾，想要自暴自棄。她已厭倦與困難抗爭的生活，因為生活中的問題屢屢發生，似乎從來沒有過間斷。

艾米的父親是位廚師，一天，他把她帶進廚房。他分別在三口鍋裡倒入一些水，然後放在旺盛的火苗上。不久，鍋裡的水燒開了。他將胡蘿蔔放進了第一口鍋裡，雞蛋放進了第二口鍋裡，最後一口鍋裡放入碾成粉狀的咖啡豆。整個過程，艾米的父親沒有說一句話。

艾米不耐煩看著父親的一舉一動。20分鐘過後，父親熄滅火，將煮熟的胡蘿蔔撈出放入一個碗內，雞蛋放入另一個碗內，咖啡倒進了一個杯子裡。然後，他轉身看著不耐煩的女兒說：「親愛的，你看見什麼了？」

艾米無精打采地說：「煮熟的胡蘿蔔、雞蛋、咖啡啊！有什麼稀奇的？」

他讓女兒靠近些並用手去摸胡蘿蔔。艾米驚呼道：「爸爸，胡蘿蔔變軟了。」父親又讓艾米將那顆煮熟的雞蛋殼剝掉，她看到的是煮熟的雞蛋。父親讓她品嘗了煮熟的咖啡。艾米享受著咖啡的香濃，露出了笑容。她怯聲問道：「爸爸，這意味著什麼？」

克服一切困難，走向成功

父親告訴艾米說：「胡蘿蔔、雞蛋、咖啡這三樣東西面臨同樣的逆境——煮沸的開水，可態度卻截然不同：胡蘿蔔尚未入鍋之前生硬、結實不向逆境低頭，而進入開水後就變軟了，向逆境妥協了；再看雞蛋，沒下鍋之前易破碎，而經開水一煮，內臟變硬了，也隨著堅強起來了；咖啡豆就更獨特了，進入沸水後，它們不但沒有失去自己的本色，反而改變了水。其實你也完全可以屈服於環境，也可以改變環境，關鍵取決於你對困難所持有的態度。」

真金不怕火煉，真英雄不怕遭遇挫折。沒有經歷過失敗的人生不是完整的人生。巴爾扎克（Honoré de Balzac）曾說過：「挫折和不幸，是天才的進身之階；信徒的洗禮之水；能人的無價之寶；弱者的無底深淵。」所以說，禁得起困難洗禮的人才是真正的英雄，成功屬於他們。

沒有河床的沖刷，就不會有鑽石的璀璨；沒有挫折的考驗，就不會有真正的英雄。正因為有挫折，才會體現出勇士與懦夫的區別。

一切成功的起點都是欲望，但在將欲望變為成功的過程中，堅韌的意志是人最重要的個性特點之一。大凡成功者，都能夠冷靜面對事業進展過程中每一個關鍵時刻而已。正是因為這一點，他們才能在困難的形勢下，穩健追求著自己的夢想。

而有些人卻缺乏這樣的個性，他們總是欲望強烈，而意志

第3章 沒有做不到，只有想不到

脆弱。所以遇到不利於自己的局勢，就會聽任脆弱的意志擺弄，直到他所追求的目標成為記憶中一個遙遠的影子。

人性中這種弱點是可以彌補的，例如強烈的欲望就可以補救意志的脆弱。如果發現自己的意志正在遭受困難的挑戰，你不妨有意識燃起欲望的火焰以激勵自己的意志。

堅忍的意志屬於人性中後天的成分，是可以培養的，包括以下四個步驟。

第一，在確定志向的基礎上，不停給欲望火上澆油；

第二，制定一份切實的計畫，使自己追求成功的行動永不停止；

第三，關閉心扉，不受外界一切負面因素的影響，包括親朋好友的干擾；

第四，與鼓勵你和相信你的人結成堅強的事業同盟。

如果你這樣做，你就會發現，自己的身上將產生一種連你自己都感到奇怪的神祕力量，它既可以使你振奮起來，又能使困難低頭。

冠軍永遠都是那些百折不撓、被打倒了還會再爬起來的人。一次、兩次不成，就再試幾次。能不能成功，全看你能否堅持到底。多數人沒有達到目標，原因就在於不能堅持。百折不撓的毅力，才是成功人生的必備條件。

每天給自己一個希望

在漫長的歲月中，我們都會碰到一些令人不愉快的事情，它們既然已經存在了，就不可能發生改變，我們應該把它當作一種無可避免的事實加以接受，並且適應它。

這個故事講的是一位堅強的女孩與語音世界、與肢體世界頑強作鬥爭的艱難經歷，她抗爭了，她成功了，她成為我們學習的榜樣！

她就是黃美廉，一位自小就患上腦性麻痺的病人。腦性麻痺奪去了她肢體的平衡感，也奪走了她發聲講話的能力。從小她就活在異樣的目光中，她的成長充滿了血淚。然而她沒有讓這些外在的痛苦擊敗她內在奮鬥的精神，她昂然面對，努力學習，終於獲得了加州大學藝術博士學位，她以她的手當作畫筆，以色彩告訴人「力與美」，並且燦爛地「活出生命的色彩」。

她在臺上揮舞著她的雙手；仰著頭，將脖子伸長，與她尖尖的下巴行成一條直線；她的嘴張著，眼睛眯成一條線，詭譎的看著臺下的學生；偶然她也會依依唔唔的，不知在說什麼。基本上她是一個不會說話的人，但她的聽力很好，只要對方猜中，或說出她的意見，她就會樂得大叫一聲，伸出右手，用兩個指頭指著你，或者拍著手，歪歪斜斜的向你走來，送給你一張用她的畫製作的明信片。

第3章　沒有做不到，只有想不到

　　全場的學生都被她不能控制自如的肢體動作震懾住了。這是一場令人感動的演講會。

　　「請問黃博士」，一個學生小聲的問：「你從小就長成這個樣子，請問你怎麼看你自己？你就沒有怨恨過嗎？」真是太不成熟了，怎麼可以當著面，在大庭廣眾之前問這個問題，太刺激人了，很多人擔心黃美廉會受不了。

　　「我怎麼看自己？」黃美廉用粉筆在黑板上重重地寫下這幾個字。她寫字時用力極猛，有力透紙背的氣勢，寫完這個問題，她停下筆來，歪著頭，回頭看著發問的同學，然後嫣然一笑，回過頭來，在黑板上龍飛鳳舞的寫了起來：

一、我好可愛！

二、我的腿很長很美！

三、爸爸媽媽這麼愛我！

四、上帝這麼愛我！

五、我會畫畫！我會寫稿！

六、我有隻可愛的貓！

七、還有……

八、……

　　忽然，教室內一片鴉雀無聲，沒有人敢講話。她回過頭來定定看著大家，再回過頭去，在黑板上寫下了她的結論：「我只看我所有的，不看我所沒有的。」

每天給自己一個希望

　　掌聲在學生群中響起，很長時間都沒有平息，這是從心靈發出的尊敬。黃美廉歪斜著身子站在臺上，滿足的笑容，從她的嘴角蕩漾開來，眼睛眯得更小了，有一種永遠也不被擊敗的傲然寫在她臉上。

　　一個身受殘疾折磨，沒有說話能力並且肢體活動困難的人，卻獲得了博士學位，而且說出來的話令我們感到如此的敬佩和震撼，原因就是她有一顆不平凡的心。「我只看我所有的，不看我所沒有的」，這是多麼偉大和有分量的話。相比之下，很多人有那麼多幸福的條件，但卻缺少面對困難的勇氣，甚至有人遇到挫折就徹底崩潰，這才是一個人真正的悲哀。

　　在這個世界上，有許多事情是我們所難以預料的。我們不能控制世界，卻可以改變自己；我們無法預知未來，卻可以把握現在；我們不知道自己的生命到底有多長，但我們卻可以安排當下的生活；我們左右不了變化無常的天氣，卻可以調整自己的心情。只要活著就有希望，只要每天給自己一個希望，我們的人生就一定不會失望。

第 3 章　沒有做不到，只有想不到

第 4 章

膽有多大，路有多寬

俗話說「不入虎穴，焉得虎子」。人生就是一場博弈，敢冒風險的人，才能在事業上才能取得最大成功。膽量有多大，路就有多寬。只要敢闖敢拼，敢於吃苦，就能增加自己成功的籌碼。

第 4 章　膽有多大，路有多寬

適當冒險＋勇氣＝成功

有句話說，最大的風險是不敢冒險，最大的錯誤是不敢犯錯。大多數的人之所以不敢冒險，也不敢犯錯，是因為他們只相信看得見的事情。那些他們還沒有見到的事，他們習慣用經驗去分析，而經驗告訴他們的答案往往令他們不敢輕舉妄動。

不怕一萬，就怕萬一，凡事三思而後行，謀定而後動是沒錯的。但你知道嗎？無論你策劃得多麼周詳，風險總會不期而至的。

有一次，有人問一個農夫他是不是種了麥子。農夫回答：「沒有，我擔心天不下雨。」那個人又問：「那你種了棉花了嗎？」農夫說：「沒有，我擔心蟲子吃了棉花。」於是那個人又問：「那你種了什麼？」農夫說：「什麼也沒種。我要確保安全。」

一個不冒任何風險的人，只有什麼也不做，就像那個農夫一樣，到頭來，什麼也沒有。他們回避受苦和悲傷，但他們不會學習、成長、愛或生活。他們被自己的態度所捆綁，是喪失了自由的奴隸。

不願意冒風險的人，不敢笑，因為他們怕冒顯得愚蠢的風險；他們不敢哭，因為害怕冒顯得多愁善感的風險；他們不敢向他人伸出援助之手，因為要冒被牽連的風險；他們不敢顯露感情，因為要冒露出真實面目的風險；他們不敢愛因為要冒不被愛的風險；他們不敢希望，因為要冒失望的風險；他們不敢

106

適當冒險＋勇氣＝成功

嘗試，因為要冒失敗的風險⋯⋯但是我們必須學會冒險，因為生活中最大的危險就是不冒任何風險。

鴕鳥在遇到危險的時候常常行掩耳盜鈴之舉，把自己的頭藏在沙土中獲得心靈上的解脫。我們成年之後，雖然知道好多事情不能躲避，必須要堅強面對，要冒風險，我們還是在心底存留著那種逃避和找尋安慰的想法。

再說，承受風險的心理素質與抵禦能力也都是在這種不斷承受的過程中鍛煉出來的。假使從我們的生命中奪去了帶有夢想的冒險能力，我們中間還有誰會有勇氣和耐心，熱忱不斷去敲生命之門呢？

令人驚嘆的夢想力冒險，讓一貧如洗的人夢想冒險賺取一生中第一個一百萬。善於帶有夢想冒險的人，無論怎樣的貧苦，怎樣的不幸，他總有自信，藐視命運，相信好日子終會到來。一個夥計，夢想到住在他自己的店鋪中；一個貧苦的女工，會夢想著購置一所美麗的住宅⋯⋯正是這種夢想冒險，這種希望，這種永遠期待著好日子到來的念頭，使我們有勇氣，減輕負擔，面對前進路上的挫折。

有了夢想冒險，同時還須有實現夢想冒險的堅強意志與決心。有夢想冒險而沒有努力，有願望而不能拿出力量來實現願望，這是足以敗事的。只有那實際的夢想 —— 夢想並加以艱苦工作，不斷努力，才有用處。

第 4 章 膽有多大，路有多寬

　　像其他能力一樣，夢想的冒險能力是可以被誤用或濫用的。有許多人整天除了「夢想」以外不做別的事。他們把全部的生命力，浪費在建造空中樓閣上。他們居住在一個不自然而虛幻的世界中，直至被現實打醒。

　　我們愈能實現我們的冒險，則我們的能力也愈顯強大。一個人的冒險的實現，往往可以激起對夢想的努力。就在人類化夢想為事實的奮鬥中，我們尋見了世界的種種希望。

　　1752 年 7 月的一天，富蘭克林（Benjamin Franklin）在野外放風箏捕獲雷電的實驗。他的風箏很特別，用杉樹做骨架，用絲手帕當紙，紮成菱形的樣子。風箏的頂端裝了一根尖尖的鐵針，放風箏的麻繩的末端拴著一把鐵鑰匙。當風箏飛上高空不久，突然電閃雷鳴，大雨傾盆。富蘭克林對全身被淋溼毫不在意，對可能被雷擊中也不畏懼，他全神貫注於他的手。當頭頂上閃電的瞬間，他感到自己的手麻酥酥的，他意識到這是天空的電流透過溼麻繩和鐵鑰匙導來的電。他高興地大叫：「我捕捉到電了！」

　　瑞典化學家諾貝爾為了完成科學發明，一生都在死神的威脅下冒著生命危險研究烈性炸藥。1867 年秋，在一次實驗中，一位親兄弟被奪去了生命，父親負傷變成了殘廢，他的哥哥也身受重傷。在這些代價面前，一旦機會光臨，他自然會死死抓住不放。事情就是這麼巧，有一天，諾貝爾意外發現搬運工

適當冒險＋勇氣＝成功

人從貨車上卸下甘油罐，從有裂縫的甘油罐中流出來的液體，居然和罐子與罐子之間塞進的矽藻土混合而成固體，沒有發生爆炸。

固體物當然在搬運、儲存上都很安全，這個線索給諾貝爾一個有益的啟示。

他抓住這點進行實驗，證明矽藻土是一種很好的吸附劑，它能吸附三倍於自身重量的硝化甘油仍保持乾燥，並可以把硝化甘油的矽藻土模壓成型，即使被引爆，它的爆炸力也與純淨的硝化甘油相等。這樣就發現了一種既有強大威力又安全可靠的烈性炸藥，從而使烈性炸藥得到了廣泛的應用。

夢想冒險出現於生命靈感的一瞬間，相信你自己能讓夢想冒險成真 —— 這是一件偉大的事情！不要阻止你的夢想，信仰並且鼓勵你的憧憬，發揚你的夢想，同時努力使之實現！這種使我們向上面展望，向高處攀登的能力，是與生俱來的，它是指示我們走上至善之路的指南針。

「一旦看准，就大膽行動」已成為許多商界成功人士的經驗之談。甚至有人認為，成為成功人士的主要因素便是冒險，做人必須學會正視冒險的正面意義，並把它視為衝破人生難關的重要心理條件。冒險和收穫的大小是成正比的，巨大的風險能帶來巨大的收穫。險中有夷，危中有利。要想有卓越的結果，就要敢冒風險。不過，冒險也有一定的原則 —— 是要你冒那種

第 4 章　膽有多大，路有多寬

「樂意的」或「適度的」險，而不是要你去賭博；要理智，不要獨斷，更不要驕傲逞能、盲目急躁或異想天開去冒險；當冒險的賭注很高時，應聯合承擔風險；讓別人參與冒險活動，你也就擴大了自己的活動範圍，增強了你的「持久力」。

放大膽子試試身手

　　生活中偉大的成功者在機遇降臨時總願放大膽子一試身手。有趣的是，這類成功人士多數聰明能嚴於律己。

　　世界上有許多的人不敢冒險，只求穩妥。這裡所談的有時膽子要大一點，就是指要克服只求穩妥的弱點，就是要敢冒風險，相信自己能衝破人生難關。有時膽子要大一點不是在說只求前進而不管實際。那不是敢作敢為，那是莽撞蠻幹。

　　人們在此要考慮的是：在我們這一生中，在某些時候我們必須採取勇敢的行動，但這只是在仔細考慮這次行動成功的可能之後，才大膽而採取的行動。

　　有個人頭腦聰明。如果把他的成功和失敗畫成圖形，那看起來肯定像阿爾卑斯山那樣起伏不平。儘管他經常冒險，但奇怪的是他並非是人們所認為的那種賭鬼，例如，他從不去賭賽馬，也不去拉斯維加斯賭博。

　　在飛機上同鄰座的陌生人談了一會話後就投資某個工程 50萬，這一工程像火箭一樣升得快，但後來卻像枯草那樣垮下來；

放大膽子試試身手

他曾坐著僱有司機的勞斯萊斯轎車到處兜風，但有天他跑去向朋友借車，他已沒錢購買從芝加哥到底特律的車票。幸運的是，他的成功多於失敗。

他這樣不是放大膽子敢作敢為。在生活中，有許多人得到某個機遇時卻退縮不前，因為這一機遇涉及到冒險。他有成功的潛力，但是如果他沒有被迫這樣做，他當時也許根本不會發現自己身上存在著這樣堅定的信心，去建立公司並走向成功之路。

我們中有太多的人都像這樣。

世界上有許多人沒意識到自己的潛力。過分謹慎就是其中最大的原因。

在面對是否採取行動的問題上，特別是這種行動涉及到冒險時，我們會發現自己猶豫不決以致錯失良機。在這種情況中，是傳統的觀點在作怪：「不要魯莽行動，這裡很可能有危險，不要去嘗試。」

這是明智的勸告，但身為作家兼牧師的威廉·埃勒里·查寧（William Ellery Channing）卻這樣說道：「把膽子放大一點敢作敢為最聰明。」

我們常常猶豫不決，因為我們本身缺乏信心。我們能意識到我們的弱點，而懷疑就經常從中產生。對一切了解太多，所以我們生性謹慎，願意推遲重大的決定，有時甚至無動於衷。你所需要的只是放開膽子敢拼敢打的闖勁。

第 4 章　膽有多大，路有多寬

在美國經濟大蕭條最嚴重時，在多倫多有位年輕的藝術家，他全家靠救濟過日子，那段時間他急需要用錢。此人精於木炭畫。他畫得雖好，但時局卻太糟了。他怎樣才能發揮自己的潛能呢？在那種艱苦的日子裡，哪有人願意買一個無名小卒的畫呢？

他可以畫他的鄰居和朋友，但他們也一樣身無分文。唯一可能的市場在有錢人，但誰是有錢人呢？他怎樣才能接近他們呢？

他對此苦苦思索，最後他來到多倫多《環球郵政》報社資料室，從那裡借了一份畫冊，其中有加拿大的一家銀行總裁的正式肖像。他回到家，開始畫起來。

他畫完了放在相框裡，對此他很自信。但他怎樣才能交給對方呢？

他在商界沒有朋友，想得到引見是不可能的。但他也知道，如果想辦法與他約會，他肯定會被拒絕。寫信要求見他，但信可能過不了這位大人物的祕書這一關。這位年輕的藝術家對人性略知一二，他知道，要想穿過總裁周圍的層層阻擋，他必須投其對名利的愛好。

他決定大膽採用獨特的方法去試一試，即使失敗也比主動放棄強。

他梳好頭髮、穿上最好的衣服，來到了總裁的辦公室並要求見他，但祕書告訴他：「事先如果沒有約好，想見總裁不太可

能。」

「真糟糕」年輕的藝術家說，同時把畫的保護紙揭開，「我只是想拿這個給他瞧瞧。」祕書看了看畫，把它接了過去。她猶豫了一下後說道：「坐下吧，我等等回來。」

一會，她回來了。「他想見你。」她說。

當藝術家進去時，總裁正在欣賞那幅畫。「你畫得棒極了」他說：「這張畫你想賣多少錢？」年輕人舒了一口氣，告訴他要 25 美元，結果成交了（那時的 25 美元至少相當於現在的 500 美元）。

為什麼這位年輕藝術家的計畫會成功？答案是顯而易見的。

他刻苦努力，精於他的事業；

他想像力豐富：他不打電話先約，因為他知道那樣做會被拒絕；他敢想敢做：他不想賣給鄰居，而是去找大人物；

他有洞察力：他能投合總裁對名利的愛好，所以選擇了他的正式肖像是明智的，他知道這肯定對總裁的口味；

他有進取心：做成生意後，他又請銀行總裁把他介紹給他的朋友；

他敢於另闢蹊徑：在採取行動前研究市場，認真估計第一筆生意後的事，他成功了。

還有，最重要的是他有膽子不害怕去做那些「做不了的事情」，所以他才有衝破人生難關的可能。

大膽決斷，果斷行動

　　精神力量在物質世界裡，也常有其對應的位置。人在陷入困境時總會尋求擺脫，從而全力以赴扭轉了局面。一位登山運動員有感而發說：「在攀登的過程中，有時登山者會陷入欲下不能的狀況，這樣一來他就只能向上攀登了。有的登山者會創造這種局面，身後沒有退路了，他會往上爬得更賣力。」

　　一個人要做一番事業，總會伴隨著困難和障礙，甚至還存在著一定的風險。許多人一事無成，不是缺乏成事的能力，而是沒有勇氣去行動，與其說是盡力而失敗，不如說是因為害怕失敗而放棄努力。雖然單憑勇氣並不能確保成功，但盡力而後失敗總比錯失良機要好得多。

　　戈登想要有所作為，又怕閃失，不知如何是好。這時他去拜訪朋友，傾吐心中的苦悶說：「假如這事肯定能做好的話，我願意去做，但是……」，朋友默默審視他一會，然後在一張紙上寫下了：「大膽些，強勁的力量會幫助你。」朋友的這段忠告，如同一縷清風吹散迷霧，讓他想起小時一位先生說的話：「別用躲避挑戰的怯懦顯示你對生活的感激，要有勇氣做看似做不到的事情。你就會發現，自己的能力遠比想像的要強得多。」

　　後來戈登知道朋友饋贈的那段至理名言，出自巴什的《戰勝恐懼》一書。他解讀說，大膽些，就是要敢做自己想做的事情，也可以將能完成的目標定得高一些。只要盡力而為，勢必

大膽決斷，果斷行動

產生驚人的力量。

大膽決斷和果敢行動，往往是成功者必備的條件。

貝格剛進入人身保險，對所從事的業務不太上手，經受一次又一次的挫折，感到前途一片茫然。在他極度沮喪的時候，一位朋友把他帶到課堂，接受醍醐灌頂的指導。兩個人坐在教室後面，朋友低聲告訴他：「現在上的是大眾演說課。」

說話間一個學員走上講臺發言，緊張得渾身發抖，連說話的聲音都走了調。他的這種失常狀態，讓貝格聯想到自己：「我要是上去的話，也會像他一樣緊張害怕，甚至可能比他還差勁。」

就在這時，卡內基（Dale Carnegie）站起身來。對那位學員的表現進行點評，給予了必要的行定和鼓勵，然後他走到兩個人的跟前。經過朋友引薦貝格認識了卡內基，當即向他表達心中的渴望：「我也想參與。」

卡內基另有考慮說：「這一期的課程已經過半，下期將在一個月內開課，你最好等那時再來。」貝格迫不及待說：「我已經等不及了，能不能讓我現在就參與？」卡內基和貝格握了握手，隨即微笑著說：「那好，下一個就該你講了！」

事情來得太突然，貝格還沒有心理準備，就那麼戰戰兢兢登上講臺。在眾目睽睽之下，儘管雙腿抖得快要支撐不住自己，可他還是把所思所想表達出來。對於他來說，這真是一個了不起的成就。因為面對這麼多的人，從前他連問候一聲的勇氣都沒有。

第 4 章　膽有多大，路有多寬

　　這次演說的經歷令貝格終身難忘，更成為他命運的轉捩點。下一個就該你講了，卡內基的這句話不時在腦海中縈繞，讓他感到振奮，給他帶來極大的激勵。大眾演說課幫助貝格重拾了自信，磨礪了說服別人的技巧。難怪成為人身保險的推銷大王，貝格把自己的成就歸功於 —— 卡內基。

　　膽識是一種能力，它能幫助我們去做某種說不清什麼原因使我們在本能上感到害怕的事情，它可能是我們每天都會經歷到的東西，比如：害怕被人嘲笑、害怕失敗，或是其他使我們內心裡想退縮的事情。

　　我們之所以退縮，是因為只有在退縮之後，我們才感到安全。儘管我們得到的不是我們內心裡期待的東西，但至少我們會感到舒適。

　　我們常常將「膽識」與「勇敢」聯繫在一起，但勇敢可能更多表現為生活處於危險境地時自然產生的非同尋常的反應。這種勇敢在我們的生活中可能是永遠無法加以驗明的東西；相反，「膽識」則是我們人人具有，認識到這一點並付諸行動，我們就能有很大的進步、當我們對周圍的一切視若無睹時，周圍的一切卻發生著飛速的變化。我們越來越感到自己不合時宜，進一步強化了生活中的障礙，使我們心甘情願任憑事情發展。這樣我們也許很舒適。然而只有當我們的行動中充滿自信和熱情，並在戰勝恐懼時，成功才會出現。

大膽決斷，果斷行動

　　為了達到目的地，我們常常要運用自己的膽識去發現我們目前的處境，無所畏懼，並從失敗中汲取教訓。開展業務、開拓處女地或是單純學習一項新的技術，都需要我們的膽識，膽識來源於堅定的信念，只有堅定信念，才能取得成功。

　　有位岑小姐，她的英文很好。有一天，她來到一家出版社，要見社長，她想到出版社當名編輯。可這家出版社沒有英文圖書的出版計畫，所以無法任用她。後來這位小姐請社長給她介紹一下到別的出版社，社長把她推薦給一位同行，這位小姐居然很快就有了工作。

　　後來兩位出版社的老闆遇到時還說：真感謝你當時給我介紹這位好編輯。其實，介紹岑小姐的領導當時並不覺得她的英文能力像她描述的那樣好，但她敢於毛遂自薦，至少表現出了一種勇於向陌生的人和事挑戰的優點。當老闆的當然喜歡用這樣的人。

　　當今時代，老闆用人的最大原則是能為他賺錢，而不是請來伺候，因此他們更喜歡那種「主動並富有挑戰精神」的人。在我們周圍，也可以找出很多勇於毛遂自薦而獲得成功的人，而那些羞於自薦的人仍在原地踏步。特別是在當今社會競爭十分激烈的情況下，再也不能「待價而沽」或等人「三顧茅廬」，如果不主動出擊，讓別人看得到你，知道你的存在，知道你的能力，你就有可能錯失良機，至少你獲得機會的時機比別人晚。

與其坐等「伯樂」，不如行動起來。邱吉爾曾經說過：「勇氣很有理由被當做人類德行之首，因為這種德行確保了所有其餘的德行。」這裡所說的「勇氣」，就是一個人的臨危不亂、處變不驚的決斷力。

科學表明「膽商」對於成功的重要性，已經遠遠超出了「智商」。一項對 1,048 名經理人進行的能力測試發現，「膽商指數」的高低是一個人事業成功與否的重要參數，其次是情商，再次才是智商。

如果說人生、事業、財富，像一座座大山，那麼「高膽商人士」就會不畏艱險，不斷攀登，把每一次困難都當成一次挑戰，把每一次挑戰都當成一次機遇，並最後傲立巔峰！而缺乏行動力的高智商者，只能望洋興嘆。

壓力帶來動力

人生下來不是為了享受的，人生最大的享受是在於你創造出偉大的業績。曾國藩所奉行「打掉牙，和血吞，有苦從不說出，徐圖自強」的立世準則，就是告訴我們必須對自己狠一點。正是他自己幾十年如一日的狠勁，才創造不平凡的業績，為後世所膜拜。

有人提倡向麻雀學習一味追求，他就是日本著名的經營大師松下幸之助，他在他的自傳體叢書中說，仔細觀察鳥類的生

態，會收到很大的教益。比如生活在庭院的麻雀，牠們真是分秒必爭尋覓食物。

始終處於不需要思考只要無休止地為生存而努力的活動之中。不這樣，麻雀就生存不下去，稍有偷懶就會因缺乏營養而死亡。

回過頭來看看我們人類，是否已付出了相當程度的努力呢？這種說法也許很苛刻，但只有做到了這一點，才顯示出人們為生存與發展的信心和力量。

擺在人們面前的生活本就是嚴峻的。如不了解到這一點，而是輕易說：「我們沒有信心做好啊」之類的話，這種態度其實是不負責任的。

退縮的念頭，會在一個人表現不佳的時候探出頭來。退縮的經典標語除了上面那一句，還有：「不要沒事找事」、「不要惹事生非，興風作浪」、「不要不自量力」。退縮會磨蝕一個人的潛力，大大減低其能力與表現。

因為退縮導致的不良後果實在不少。首先，它會養成一個人怯懦、消極的習慣。剛開始只怕一件事，接下來就是第二件、第三件，一直到成為不可自抑的習慣。一旦演變為習慣，那麼個人發揮的空間將愈來越狹隘，而成功的機會愈來愈渺茫。你會輕視自己，逐漸失去對生命的熱愛，向前看去只覺得前途無「亮」，其實是自己的退縮在作怪。

其次，退縮是一種恐懼心理，具有傳染性，當一個人因為某方面的事而退縮，同時也會影響到他全部的生活，生活好像一臺機器，退縮彷彿是機器的某個零件鬆動了，在一件事上退縮，暫時影響不大，但從長遠來講，一個零件鬆垮，可能引起其他部分出問題，整個機器將會運轉不良甚至報廢。所以要小心旋緊每一顆螺絲釘。從不退縮，勇於追求。

　　第三，退縮使自我失去平穩。不同的事情，卻無法以相同的信心和態度來面對時，非常容易導致自我的失衡，以致無法在事後重新肯定自己。一再的退縮，會使你感到：一切徒勞無功，不再有愛，人生乏味，而生命力也逐漸枯竭。誰願意看到這樣的結果？恐怕沒有。唯一可行的就是絕不退縮。

　　怎樣堅持進取而不退縮？要有一顆自信心。許多人之所以退縮，多半是因為小看了自己。有時也因為缺乏危機感，如果像麻雀一樣，不爭食將餓死，恐怕沒有人坐以待斃。而且說實在的，多給自己一些信心，是夢想也好，幻想也罷，又何損自己呢？給自己一分鐘，描繪理想中的自己對這個世界的貢獻，打算你憑己力去成就的事情，建立自信心之前，要讓自己相信：世界因「我」的存在而變得更好。排除對自己的成見，從這一刻起，拋開自己的退縮，信心十足參與新生活中。

　　只要改掉退縮的壞習慣，積極去追求、去奮鬥，你出色的表現會讓自己都吃驚，「現實的我」將更趨近個人心中「理想

的我」。只要能夠不畏懼，你會對自己刮目相看。結合理想與生活為一體，就能實踐自我，充實自我，完善自我。

大膽的邁出第一步

　　有一天，心情極度沮喪的威爾遜正在孟斐斯市郊區散步。突然他看到這裡有一塊荒廢的土地，地勢低窪，不宜耕種，也不宜蓋房子，所以無人問津。就在這時，一個絕佳的投資計畫在他的頭腦中形成了。他連忙向當地土地管理部門打聽，看看能否以低價收購這塊荒廢的土地。

　　得到有關部門的肯定答覆之後，他立即結束了自己零售商的業務，以低廉的價格買進這塊土地。威爾遜不僅敢想，而且敢做，這便是「當機立斷」。

　　可是包括他母親在內，所有的親朋好友都對他買進這樣的一塊土地表示懷疑。

　　他們對威爾遜說：「我們不了解你這樣做的用意究竟何在？」

　　「我不太會做零售生意。」威爾遜說，「我想再做我的老本行──蓋房子。」

　　「做你老本行我不反對，可是像你這樣亂投資，買這塊地簡直是毫無道理。雖說價錢的確很便宜，但買下這樣的一塊廢棄而毫無價值的土地，再便宜又有什麼用呢？況且那塊地太大，

第4章　膽有多大，路有多寬

整個算起來也要不少的錢，利息的負擔也是一筆很大的損失。」

「親愛的媽媽，這種事我無法向您解釋，請您不要再操心了。我做了這麼多年的生意，我的判斷不會比您差，總有一天，您就會了解我的做法。」

「我不是干涉你的決定，」母親接著說，「我只是提醒你，你的資金不多，要做有效的利用。」

「是啊，」威爾遜的太太也在一旁幫腔，「你已經賠掉十幾萬了，不能再胡亂冒險，難道我們這麼多人的智慧不如你一個人？」

最終，威爾遜說服了妻子和母親，按自己的想法去做。

不久，威爾遜終於在這個地方創辦了著名的假日旅館。在他看來，住慣了高樓大廈，吃膩了加工食品的城市居民們，大都有厭煩都市生活的心理，因此他們樂於在節假日期間回到大自然的懷抱中，呼吸新鮮空氣，一邊觀賞大自然的美麗風光，一邊在這青山綠水之間放鬆自己疲憊的身心。而在威爾遜的假日旅館中，他為人們所提供的具有鄉土氣息農莊建築，再加上農家生產的蔬菜、瓜果等食品，都為久居都市的人帶來了一股清新的氣息。因此它一誕生，就受到了人們熱烈的歡迎，很快威爾遜首創的這家假日旅館就發展到相當大的規模，也為自己帶來了巨大的經濟利益。威爾遜實現了他自己的諾言，既方便了他人，又為自己帶來了利潤。

大膽的邁出第一步

如果你面對風險時信心不足的話，不必擔心，不妨大膽些，及時邁出決定性的第一步。記住，在你已經冒險後，再去面對風險就容易得多了。

黛比出生在一個有很多兄弟姐妹的大家庭。從小她就非常渴望得到父母親的讚揚和鼓勵，由於孩子多，她的父母根本就顧不上她。這種經歷使得她長大成人後依然缺少自信心。她後來嫁給一個成功的高級管理人員，但美滿的婚姻並沒有能改變她缺乏自信的心態。當地與朋友出去參加社交活動時總是顯得很笨拙，能使她感到自信的地方是在廚房裡烤麵包的時候。她非常渴望成功，但是鼓起勇氣從家務中走出去，做出決定去承擔具有失敗風險的羞辱，對她來說是想也不敢想的事情。隨著時間的推移，她終於認識到自己要麼停止成功的夢想，要麼就鼓起勇氣去冒一次險。黛比這樣講述自己的經歷：

我決定進入烹飪行業。我對我的媽媽爸爸以及我的丈夫說：「我準備開一家食品店，因為你們總是告訴我說我的烹飪手藝有多麼了不起。」「噢，黛比，」「這是一個多麼荒唐的主意，你肯定要失敗的。這事太難了。別胡思亂想了。」他們這樣勸阻我；說實話，我幾乎相信他們說的。但是更重要的是我不願意再倒退回去，再像以往那樣猶豫說「如果真的出現……」。

她下決心要開一家食品店。她丈夫始終反對，但最後還是給了她開食品店的資金。食品店開張的那一天，竟然沒有一個

顧客光臨。黛比幾乎被冷酷的現實擊垮了。她冒了一次險，並且使自己身陷其中。看起來她是必敗無疑了。她甚至相信她的丈夫是對的，冒這麼大的險是個錯誤。但是人就是這樣，在你已經冒險以後，再去面對風險就容易得多。黛比決定繼續走下去。

　　一反平時膽怯羞澀的窘態，黛比端看一盤剛烘焙熱烘烘的食品在她居住的街區。請每一個路人品嘗。有件事使她越來越自信：所有嘗過她的食品的人都認為味道非常好。人們開始接受她的食品。今天「黛比‧菲爾」的名字在美國的食品商店的貨架上出現。她的公司「菲爾茲太太原味食品公司」，是食品行業最成功的連鎖企業。今天的黛比‧菲爾已經成了個渾身到處都散發出自信的人！

　　凡是成功者都必定是勤奮者，但勤奮者並不一定都是成功者；凡是成功者都是智者，但智者並不一定都是成功者。過於理性的人，凡事看得太清楚，往往將問題看得太重，以至於遲遲下不了手，在優柔寡斷中錯失良機，而那位朋友，則在熱情勤奮中，在幼稚單純中，相信有種無形的力量在支持著他，因此困難再大，別人認為根本沒什麼希望的事，都能果斷而大膽實施自己的計畫和夢想，結果他成功了。

培養你真正的勇氣

有一則故事：

福勒是美國一位貧窮黑人家庭的孩子，為了在社會上生存，他決定把「經商」作為生財的一條捷徑，最後選定生產肥皂。剛開始，他採取自銷的方法，挨家挨戶推銷肥皂達 12 年之久。後來，他獲悉供應他肥皂的那家公司即將拍賣，售價是 150 萬美元，他決定買下這家公司。但他在做肥皂生意的 12 年中一點一滴只累積了 25 萬美元，福勒與那家公司達成了協定：他先交 25 萬美元的保證金，然後在 10 天的限期內付清剩下的 125 萬美元。如果他不能在 10 天之內籌齊這筆款子，就會喪失所付的保證金，也就是說他將傾家蕩產。

福勒為了籌集資金，他首先想到他在推銷肥皂的 12 年裡獲得了許多商人的尊敬，於是他去找他們幫忙。他從私交的朋友那裡借了一筆款子，也從信貸公司和投資集團那裡得到了些援助。然而到了第 9 天，福勒籌集了的資金距 125 萬美元還差 1 萬美元。而他當時已用盡了自己所知道的一切貸款來源。那時已是深夜，他獨自一人走在大街上。他看見一家律師事務所亮著燈，便走了進去。在那裡，坐著一個因深夜工作而疲憊不堪的人。福勒意識到自己必須勇敢些。於是，他上前直截了當地問：「你想賺 1,000 美元嗎？」這句話把那人嚇得向後退去，「是呀，當然！」他答道。「那麼，開一張 1 萬美元的支票給我。

第 4 章　膽有多大，路有多寬

當我奉還這筆借款時，我將另付 1,000 美元的利息。」福勒對那個人說。他把其他借款人的名單拿給這位承包商看，並且詳細介紹了這次商業的情況。當他離開這家事務所時，他籌夠了這筆款項。冒險精神使福勒不僅沒有傾家蕩產，而且生意日漸興隆，漸漸發展成擁有七家公司的富翁。

當機遇來臨時要敢冒風險，不要因不願承擔風險而失去機會。

要做一個成功的人，必須有過人的膽識和氣魄，也就是要敢做別人想不到的，或者別人想到了但不敢去做的事情，特別是能察人之所未察。

然而，人們的冒險精神似乎隨著年齡增長而逐漸消退了，一方面是人們在經歷失敗以後，產生挫折感而洩氣，如果沒有適度的激勵，就會傾向減少冒險嘗試，以減少失敗的打擊；另一方面是傳統的教育觀念使然，長者基於保護幼者的心理，小孩子一旦做出任何危險行為，馬上會受到大人們的譴責，因而養成「安全至上，少錯為贏」的習慣，立志當個不做錯事的乖孩子。

當人們的冒險精神逐漸消退之際，「逃避風險」便成為一種習慣。雖然規避風險並不是壞事，但過度規避風險就會成為投資致富的嚴重阻礙。假如你發覺自己經常逃避風險，那麼以下幾項祕訣可以幫助你培養自己的勇氣。

培養你真正的勇氣

* **嘗試做一些不喜歡做的事**：屈從於他人意願和一些刻板的清規戒律，已成為缺乏自信者的習慣，應該認識到，你之所以每天都在重複，是由於你的懦弱和沒有主見才養成的惡習。如果你嘗試做一些自己原本不喜歡做的事，你會品嘗到一種全新的樂趣，從而慢慢從習慣中擺脫出來。關鍵要看你是否敢於嘗試，是否能夠把自己的想法貫徹到底。

* **不積蹞步，無以至千里**：當你剛著手做一件事時，要想清楚先走哪一步，而且要選你有相當把握能完成的作為第一步。這樣一步一步累積，最後就能達到你的目標。

* **慎說「不要」**：「恐懼」是有價值的，只要你懂得如何面對害怕。工作中，因為害怕被淘汰，所以我們努力，給自己定下了許多可能實現或者還不可能馬上實現的目標，我們把自己的頭抬得很高，總是望著更加高遠的目標，我們忙碌只求自己不要被時代刪去。在各行各業都是「千軍萬馬擠獨木橋」的今天，「恐懼」使我們得到鍛煉也得到提升。

  英雄和懦夫同樣會感到畏懼，只是英雄對畏懼的反應不同而已。

  許多人遇到困難時，習慣於退縮，以求自保。於是他們把全部精力集中在如何減少損失上，而不去想怎樣發揮潛力，結果往往一敗塗地。

  當一個人能夠控制恐懼時，他便能控制自己的思想與行

第 4 章　膽有多大，路有多寬

動。「勇氣」源於控制恐懼，而培養冒險精神始於了解風險。勇於冒險的人並非不怕風險，只是因為他們能認清風險，進而克服對風險的恐懼。

* **不要總是訂計畫**：缺乏自信的人缺乏安全感，凡事希望穩妥保險。然而人的一生根本無法訂出所謂清晰的計畫，其中有許多偶然的因素發生。「有條有理」並不能給人帶來幸福，生活的火花往往是在偶然的機遇迸發出來的，只有欣賞並努力捕捉這些轉瞬即逝的火花，生活才會變得生氣勃勃、富有活力。

* **自定規則**：大多數成功人士的思想不受傳統想法的束縛。他們不會設法改良舊的做法，而是努力創新。許多有創造力的人都知道：革新不需要天才，只需要對傳統的行事方式提出質疑。

* **從錯誤中學習**：你在做從未做過的事情時，不管事前準備得多麼充分，有一件事總會發生：犯錯。無論是誰，只要他不斷向自己提出挑戰就難免會出錯。失敗是成功之母，這是放諸四海而皆准的真理，失敗並不可怕，不能從失敗中得到教訓才可怕。

  你肯冒險就可能取得出乎你意料的成就。冒險犯錯會使你的生活充滿刺激，會令你不斷挑戰自己，有所收穫，並且感到充滿活力。

* **積極嘗試新事物**：在現實生活中，由單調而產生的寂寞會逐漸腐蝕人的心靈。積極嘗試新事物，能使一蹶不振、灰心失望的人重新恢復生活的勇氣，重新把握住生活的主動權。

「冒險」是人類生活的基本內容之一。沒有冒險精神就體會不到冒險本身對生活的意義，就享受不到成功的樂趣，也就無法培養和提高人的自信心。「自信」在本質上是成功的累積。因此，瞻前顧後、驚慌失措、避免冒險無疑會使我們的自信喪失殆盡，更不用指望幸福快樂會降臨。

多點雄心壯志

果斷是有足夠經驗指導下的自信和冷靜的思考，冒險是關鍵時刻的積極行動和勇於向前，二者缺一不可，並肩而行。

一個積極進取的人，就像有一種烈火似的熱情，雷厲風行，許多人對此非常羨慕，以為他們在這方面得到了上天的恩賜。實際上，這不過是因為他們專注於一個目標敢於冒險的緣故。

魯意‧佐治便是一個很好的例子。

不是很了解魯意‧佐治的人，總會替他擔心，恐怕他會從政治的懸崖上跌下來。他們覺得他的那種不顧一切的冒險熱情會把他化為烏有，他的仕途是一條踩著火焰奔走的路程。假如遇到意外，他便會立刻被大火燒成灰燼。

第 4 章　膽有多大，路有多寬

「然而他卻從沒有遇到這種禍害。這又是為什麼呢？就是因為在這種始終沸騰的果斷後面，他有經過思考沉澱的自信，這使他能在關鍵時刻，在熱情澎湃之時仍能保持頭腦清醒、小心機警。『每當我看見魯意‧佐治的果斷近乎是冒險的時候』，經常與他在一起的一個老友這樣對我說，『我知道，在這種冒險的後面有一種非常冷靜且機警的思考。』」

沒有充分的經驗指導你的時候，你要格外小心。對自己能力的信心越大，就越可以去冒險。正如美國電力公司的斯伍博所說的：「二加二等於四，這句話你幾乎不需要什麼勇氣就可以說得出來！換句話來說，如果你對於你所了解的事實有十足的信心，說出來也就不需要冒多大險，也就無需勇氣了。你根據知識而行動，並非是你對於自身有多大的信心，而是因為你對於事實很有信心。」

如果你覺得一個人的運氣似乎很好，你最好是去學他那種努力考察事實的精神，而不要只求在冒險上比別人更大膽些。當然，如果你掌握了充分的事實，就應該有充分的信心去把它變成現實。

在《三國演義》一書中，關於諸葛亮果斷多謀的故事，有很多描述。

西蜀的街亭被司馬懿奪走之後，司馬懿又率大軍 50 萬去奪取諸葛亮駐守的西城。當時城中只有 2500 名老弱殘兵，這等

於一座空城。面對強大的敵人，戰也不能戰，守也守不住，又不能逃跑。在這千鈞一髮的困境中，諸葛亮毫不猶豫地隱匿兵馬，城門大開，令少數幾個老兵裝作平民百姓打掃街道。他自己登上城樓，面對城外而坐，彈琴，飲酒，一派怡然自得的景象。正是這場「空城計」使司馬懿倉惶逃走，諸葛亮扭轉了戰局，由敗轉勝。諸葛亮決策果斷，堪稱典範。

成就果斷特質的因素有很多種：

第一，有廣博的知識和豐富的經驗。謀略與知識是密不可分的，只有知識廣博才可能足智多謀。諸葛亮在未出茅廬之時，就上知天文下曉地理，對天下大勢瞭若指掌，並根據當時的形勢制定了東聯孫吳，北拒曹魏，三分天下有其一的對抗策略。可見他能果斷地制定「空城計」的謀略也就不足為奇了。

第二，果斷的前提是充分熟悉客觀情況、認真研究和掌握交往對象的各種情況。曹操率領百萬大軍進犯江東孫權疆界，東吳朝野上千，主戰主降者各執一詞，孫權也猶豫不決。出使東吳的諸葛亮，詳細分析了曹操的各種情況。諸葛亮認為，曹操號稱百萬之師，其實不過五十萬，而且降兵將多，軍心不穩，沒有戰鬥力。曹兵皆北方人，不服南方的氣候、水土，不習水戰，難以致勝。這樣的分析，使孫權點頭折服，接受了諸葛亮的東吳與西蜀聯手抗曹的謀略。這從降到戰的轉變，正是透過全面分析和充分掌握作戰方的情況而制定的。

第4章　膽有多大，路有多寬

諸葛亮設計「空城計」，也正是他經過深思熟慮後對司馬懿心理狀態的正確判斷。正如諸葛亮後來所說：「此人料吾生平謹慎，必不弄險，見如此模樣，疑有伏兵，所以退去，非吾行險，概因不得已而用之。」

第三，對較為複雜的交往活動，為了實現謀略，往往需要同時設想多種方案，以便於主體能選擇最有利的交往方案。

第四，要把握時機，果斷做決定。俗語說：「機不可失，時不再來。」交往的謀略要配合一定的機會，在特定條件下才能成功，此外謀略也是隨著時間、地點、條件的變化而變化的。

做事果斷不同於冒失或輕率，果斷是經過了深思熟慮、充分估計客觀情況之後迅速做出有效的決定；在條件不足，有時間等待時，積極準備；在情況發生變化時，又善於根據新情況，及時制定新的應對策略。

無論你是不是一個偏向於冒險的人，做事時都要有點雄心壯志，生命何其短，不如讓果斷與冒險同行，拼一把千萬別空留遺憾！

斷絕一切後路

在現實生活中碰到問題，一般有兩種處理方法：一是果斷處理，二是猶豫不決。前者能夠及時解決問題，為下一步工作做好充分的準備；而後者在做事上既耽誤了時間，又失去了做事的最佳時機。

在拳擊臺上，正在爆發一場大戰：彼特與基斯正為拳王榮譽而戰。基恩最後勝利，興奮不已，而彼特則垂頭喪氣。在戴上金腰帶時，基恩說了一句名言：「作為拳手，最忌諱的是優柔寡斷，看准了就重重打過去是最好的選擇。」

的確，拳臺上沒有退路 —— 不給優柔寡斷者留下一條可以逃脫之路！

人們往往會不自覺犯這樣的錯誤：在做一項極為重要的事時，他們往往先為自己準備好一條退路，以便在事情稍不順時，能有一個逃生之所。但是大概每一個人都應有這樣的認知：即便戰爭進行得非常激烈，如果還有一線退卻之門為他而開，他是不會使出自己的全部潛力。只有在一切後退的希望都已斷除的絕境中，一支軍隊才肯使出拼命的精神去奮戰到底。

想成功你不妨斷絕你的一切後路，將你自己的全部注意力貫注於你的事業中，並抱有一種無論任何阻礙都不向後轉的決心，這樣的精神是最難能可貴的。正是在遇到阻擊時，因為缺乏堅韌的耐力而向後轉，才使這世界多樹立了千萬個因放棄戰

鬥而挫敗者的墓碑。

當凱撒率領他的軍隊在英國登陸時，他決意不給自己的部下留任何退路。他要讓他的軍士們明白，此次進攻英國，不是戰勝，就是戰死。為此，他當著士兵的面，把所有的船隻都燒毀殆盡。拿破崙也一樣，他能摒除一切會引起衝突的顧慮，具有在一瞬間下最後決定的能力。

在現實中，最可憐可嘆的是那些一直遊蕩、徘徊不定的人。他們也很想上進，但他們不能使自己直飛向目標，因此他們不曾斷絕自己的後路，他們不曾抱著義無反顧的氣概。

正如一位憂鬱成疾的哲學家感慨一樣，臨死前，只留下一段對人生的批注：如果將人生一分為二，前半段的人生哲學是「不猶豫」，後半段的人生哲學是「不後悔」。

有一位比較有名氣的哲學家，天生一股文人的氣質，不知道迷倒了多少女人。一天，一個年輕的女子來敲他的門，她說：「讓我做你的妻子吧！錯過我，你將再也找不到比我更愛你的女人了！」哲學家雖然也很中意她，但仍回答說：「讓我考慮考慮！」事後，哲學家用一貫研究學問的精神，將結婚和不結婚的好處和壞處分別羅列出來，發現好壞均等，不知該如何選擇。

於是，他陷入了長期的苦惱之中，無論他又找出了什麼新的理由，都只是徒增選擇的困難。最後，他得出一個結論──人若在面臨抉擇而無法取捨的時候，應該選擇自己尚未經驗過的那一個。不結婚的處境我是清楚的，但結婚是個什麼樣的情

況，我還不知道。對！我該答應那個女人的請求。

哲學家來到那個女人的家中，對她的父親說：「你的女兒呢，請你告訴她，我考慮清楚了，我決定娶她為妻！」女人的父親冷漠回答：「你來晚了十年，我女兒現在已經是三個孩子的媽了！」

哲學家聽了，整個人幾乎崩潰，他萬萬沒想到，向來自以為傲的頭腦，換來的竟是一場悔恨。而後哲學家憂鬱成疾，臨死前，只留下一段對人生的批注—— 如果將人生一分為二，前半段的人生哲學是「不猶豫」，後半段的人生哲學是「不後悔」。

人生哲學真是「不猶豫」從而「不後悔」。對有志者而言，最大的竊賊就是猶豫，直到現在仍然如此！

有人喜歡把重要的問題擱置一邊，留待以後去解決，這實在是一種不良的習慣。假如你染上了這種習性，就應練習敏捷而有決斷力的本事。無論當前的問題多麼嚴重，需要你瞻前顧後權衡利弊，你也不要一直沉浸在優柔寡斷之中。假使你仍然心存一種凡事慢慢來或壞了再重新考慮的念頭，你是注定要失敗的。寧可讓自己因果敢的決斷而犯下一千次錯誤，也不要姑息自己養成優柔寡斷的習慣。

一個人在剛開始時不免會犯這樣那樣的錯誤，但一旦他累積了經驗以後就不會使那些錯誤重犯了。那些在解決每個問題時都想留有餘地的人，他的一生中將會一事無成！

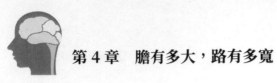

第 4 章　膽有多大，路有多寬

第 5 章

腦袋決定口袋，思路決定財路

　　只有思路常新才有出路。在當今生活中，就業、創業、累積財富是每一個人走向成功的夢想，但發財致富的人畢竟是少數，那麼就要求我們尋找發財致富的新思路。

第 5 章　腦袋決定口袋，思路決定財路

決策是一種藝術

決策能力是人腦高度發達的產物，它是人類與動物的顯著區別。高度發達的人腦將人類行為置於人類意識控制之下，將人的決策行為和本能反應截然區別開來，凡事都應進行籌畫和預測。而決策失誤等於動手之前就已經失敗了。

在日本家用縫紉機製造行業中，有三家非常有名的廠商，它們是兄弟、力卡、索目。這三家廠商都實力雄厚，產品品質一流，可謂勢均力敵。但隨著市場經濟的發展，消費者生活水平普遍提高，縫紉機市場走向滑坡，很多人以購買成衣取代自己縫製。這三家大名鼎鼎的縫紉機廠商面對著市場風浪，各有對策。結果，三家廠商有不同的歸宿。

兄弟縫紉機製造廠則認為縫紉機在家庭的作用逐步消失，三十六計走為上計，遲走不如早走，這是個時機，是個新局勢。於是該廠迅速改產辦公自動化設備及電腦。力卡縫紉機公司認為市場的清淡是暫時的，並自恃產品品質上乘，因此按兵不動。索目縫紉機公司則認為縫紉機產品尚未到衰落期，只要改進它，家庭不需要它，但是服裝加工廠更需要。於是該公司花本錢開發電腦縫紉機。

三家實力相當的縫紉機廠商的命運結果大不相同，力卡的產品因無法與索目的電腦縫紉機比優勢，最終走向絕路，不得不宣告破產了。而索目和兄弟公司善於在關鍵的時刻作出正確

138

的決策，因而獲得了成功。這就提示我們，決策至關重要，我們需要不間斷研究市場的走勢，同時了解競爭者的發展方向，據此研究相應的對策。這樣才能在激烈的市場競爭中獲得成功。

決策不是任何簡單的公式，它是一種藝術，是一種可以培養的技能，更確切地說，是一系列創造選擇性的能力，像所有其他能力一樣，需要鍛煉和應用才能掌握。一般來說，進行正確的決策應該注意各方面的問題，首先，要考慮搜集資訊。資訊就是消息。現代社會，「資訊就是金錢，決策就是生命。」這句話幾乎成為所有雄心勃勃企業家的座右銘。成功的決策，來源於準確、及時的資訊。資訊已成為無形財富資源，是企業生存的命脈。其次，要把握時機。要想取得良好的效益就要靠機會，但是機會來了，要把握好行動的時機。決策早了，成本就會白白浪費；決策晚了，不但錢賺的少，甚至還可能賠本。因此把握決策的時機至關重要。最後要注意變化。市場變化發展，投資決策應該跟著市場變化而變化，甚至預測市場變化，及時準備應變方案。這樣才能駕馭市場，確保決策的成功。

第5章　腦袋決定口袋，思路決定財路

細分市場，準確定位

市場定位是指企業針對潛在顧客的心理進行行銷設計，創立產品、品牌或企業在目標顧客心目中的某種形象或某種特徵，保留深刻的印象和獨特的位置，從而取得競爭優勢。

市場定位是 20 世紀由美國學者阿爾‧賴斯（Al Ries）提出的一個重要行銷學概念。市場定位要求企業根據目標市場上同類產品競爭狀況，針對顧客對該類產品某些特徵或屬性的重視程度，為自己的產品塑造強有力的、與眾不同的鮮明個性，並將其形象生動傳遞給顧客，求得顧客認同，使顧客明顯感覺和認識到這種差別，從而在顧客心目中占有特殊的位置。

1998 年，青年劉平拿著一萬元借款，準備開包子饅頭店。

為了尋找新的口味，劉平嘗遍各種特色小吃。劉平做包子的祕訣就在製餡這個環節上。他發現，鄉下的豬因為吃天然飼料，豬肉的味道純正。因此他做餡用的豬肉都是專門從鄉下購買。

不僅如此，在製作菜餡時他還全部採取人工切碎，這些做法雖然大大提高了成本，卻恰是他的獨到之處。手工切的青菜口感非常脆，而機器切的口感則比較「糊」，不清爽。費大成本做出來的包子讓包子和饅頭口感特別好，他的店得到了人們的認可，生意意想不到的好。

就這樣，只用 1 年時間，劉平就賺到了 2 千萬元。

與劉平相比，陳榮的蟹黃湯包價格就貴多了。

蟹黃湯包已有 200 多年歷史，而陳榮做湯包不過 6 年，卻已經成為湯包界數一數二的領軍人物。

老陳的包子一籠有 6 個，每籠最貴 200 元，從早到晚來吃的人絡繹不絕，原因就在於這不是一般的包子。

蟹黃湯包是中國六大名包之一，與其他包子不同的是皮薄，湯餡汁多。其他包子都是固體，拿到就可以吃，這種包子要把湯喝掉以後再吃皮。陳榮的包子比劉平的包子更好賣。在他這裡，一天五六百籠絕對不夠賣。

做傳統生意還需要打破傳統的思路，奉行先進的經營理念。切入某個產品時機的把握，值得投資者認真思考。市場面臨著細分的問題，要做到大全，結果可能「四不像」，投資者應考慮建立自己特色，進行合理市場定位。

打開封閉的頭腦

當我們面對新知識、新事物或新創意時，千萬別拒之於千里之外，應該將你的思路打開，接受新知識、新事物。一個奇妙的想法，一個小小的改變，往往會引起意料不到的效果。

縱觀商業發展的歷史，很多成功的企業，究其經營的祕訣，無不是靠推陳出新制勝。尤其是從 20 世紀中後期以來，市場競爭異常激烈，推陳出新作為經營方法和競爭手段更是赫然在目。發展的契機總是伴隨著獨創的頭腦而來的，獨創並不是

高深莫測的神祕的東西，關鍵是我們要有這種獨創的意識。

松下幸之助是由生產電插頭起家的，創業之初，由於插頭的性能不好，產品的銷路大受影響，沒多久，他就陷入三餐不繼的困境。

有天，他身心俱疲獨自走在路上。一對姐弟的談話，引起了他的注意。姐姐正在燙衣服，弟弟想讀書，但是那時候的插頭只有一個，用它燙衣服就不能開燈，兩者不能同時使用。弟弟吵著說：「姐姐，您不快一點開燈，叫我怎麼看書呀？」姐姐哄著他說：「好了，好了，我就快燙好了。」

「老是說快燙好了，已經過了 30 分鐘了。」姐姐和弟弟為了用電，一直吵個不停。松下幸之助想：只有一根電線，有人燙衣服，就無法開燈看書，反過來說，有人看書，就無法燙衣服，這不是太不方便了嗎？何不想出同時可以兩用的插頭呢？他認真研究這個問題，不久，他就設計出兩用插頭。試用品問世之後，很快就賣光了，訂貨的人越來越多，簡直是供不應求。他只好增加工人，也擴建了工廠。松下幸之助的事業，就此走上穩步發展的軌道，逐年發展，利潤大增。

提到創新，就會聯想到發明創造，很多人會馬上想到：「那是專家的事。」實際上，這種想法是十分錯誤的。在當今，創造活動已經不再是科學家、發明家的專利了，它已經深入到普通人的生活中，一般人都可以進行創造性的活動，生活、工作

的各個方面都可以迸發出創造性的火花。

美國有一間牙膏公司，產品優良，包裝精美，深受廣大消費者的喜愛，營業額蒸蒸日上。紀錄顯示，前 10 年每年的營業成長率為 100%，令董事會雀躍萬分。不過，業績進入第 11 年、第 12 年及第 13 年時，則停滯下來，每個月維持同樣的數字。董事會對此三年業績表現感到不滿，便召開全國經理級高層會議，以商討對策。

會議中，有名年輕經理站起來，對董事們說：「我手中有張紙，紙裡有個建議，若您要使用我的建議，必須另付我 5 萬元！」總裁聽了很生氣說：「我每個月都支付你薪水，另有分紅、獎勵，現在叫你來開會討論，你還要另外 5 萬元，是否太過分了？」「總裁先生，請別誤會。若我的建議行不通，您可以將它丟棄，一分錢也不必付。」年輕的經理解釋說。「好！」總裁接過那張紙後，閱畢，馬上簽了一張 5 萬元支票給那年輕經理。那張紙上只寫了一句話：將現有的牙膏開口擴大 1 公分。總裁馬上下令更換新的包裝。試想，每天早上，每個消費者多用 1 公分牙膏，每天牙膏使用量將多出多少倍呢？這個決定，使該公司第 14 年的營業額增加了 32%。

創造性想像力產生思想上的創意，而創意產生財富與成就。你認為你現在想做的事是正確的，並且堅定它一定可以實現的話，就無需左顧右盼，而要勇往直前向理想挑戰，不必理

會失敗會怎樣的疑問。那麼你離成功就會越來越近。

亨利·蘭德平日非常喜歡為女兒拍照，而每一次拍完後女兒都想立刻看到父親為她拍攝的照片。於是有一次他就告訴女兒，照片必須全部拍完，等底片卷回，從照相機拿下來後，再送到暗房用特殊的藥品顯影。而且，副片完成之後，還要照射強光使之映在別的相紙上面，同時必須再經過藥品處理，一張照片才告完成，他向女兒做說明的同時，內心卻問自己說：「等等，難道沒有可能製造出『同時顯影』的照相機嗎？」對攝影稍有常識的人，聽了他的想法後都異口同聲說：「不可能。」並列舉一打以上的理由說：「這純屬是一個異想天開的夢。」但他卻沒有因受此批評而退縮，於是他告訴女兒的話就成為一種契機。最後他不畏艱難地完成了「拍立得相機」。這種相機完全滿足了女兒的希望，因而，蘭德企業就此誕生了。

成功與否在於人的「一念」之間。每個人都有創造的能力。在人與人之間，創造力只有大小之分，沒有有無之別。在每一個人的身旁都包含著你想像不到的機會和方法，只要你不斷追求卓越，從你所看的每件事裡挖掘特點，動腦創造，便能有相同的成就。

把簡單的事做到不簡單

真正想創業又希望有把握的話，一定要對某一行業愈熟愈好，不要光憑想像、衝勁做事。若真立志投身一項事業，不妨辭去本職工作，在該行業做一年半載，摸清摸熟再開業也不遲。雖然這比較花時間，但總比開業後花錢好。

萬全的家鄉盛產柳條。一直以來，這裡的人們都喜歡將柳條編織成柳筐、柳簍，除了自己用外，有些人還拿到市場上去賣，可由於柳筐、柳簍在當地賣得很便宜，所以大多數人都把柳條當做柴火燒掉。而只有萬全獨具慧眼看上了這一行當。

1988 年萬全一家柳編廠打工，沒想到這次短暫的打工經歷竟然會改變他以後的人生。在打工過程中，萬全得知這個東西能夠出口，而且能賣出很好的價錢。知道這一資訊的萬全再也不甘心為別人打工了，他想創一家屬於自己的柳編加工廠，幾個月後，他就辭職回家了。回到家的萬全並沒有足夠的資金開工廠。直到第二年，他聽說每年都有不少國內外客商參加交易會。萬全覺得機會來了，他精心準備了一些剛研製出來的柳編工藝品趕到交易會。到了後，萬全才發現自己的產品根本進不了交易會的展廳。因為當時參加交易會的都是一些外貿企業，提籃叫賣的萬全被擋在了廣交會大門外，他想盡辦法找到了有力人士。透過他的熱心幫助，在這屆交易會上萬全接下了 10 萬元的訂單，這對他來說是一個天文數字，最重要的是幫助他實現了夢想。

1990 年,25 歲的萬全終於在家鄉建起了一座夢寐以求的柳製品加工廠。新廠開業後,他勤於檢查產品品質和開發,目前品種已達近千個,其中寵物情侶床、百科書架、古典家具、熊貓地毯等,由於凝聚著鄉土氣息,展現了傳統的民族風格,深受客戶們的歡迎。前來參觀的外商們都要求建立合作事宜。據悉,目前他們已將柳編生意擴展到美國的紐約、芝加哥、達拉斯等城市,並且透過美國平臺,和幾十個國家建立了業務聯繫。

為了適應業務發展和企業競爭的需要,萬全將柳編廠正式註冊為工藝品集團公司。經過十多年的滾動發展,現在,有數十萬大軍投入柳編加工,十多萬農戶因此脫貧致富。

張雁的母親心靈手巧,會一手漂亮的針線活,她做的繡花鞋墊在老家的婦女中最為人稱道。

一天,有個老先生專程找上門來,給了張媽媽訂金,說是要定做 5 雙鞋墊,做好後再付剩下的錢。這老先生,一生穿習慣了手工繡花鞋墊!這讓張雁眼前一亮,想:老媽的鞋墊真的這麼厲害嗎?還會不會有人找她再定做?如果把她繡的鞋墊賣給城裡人,或許會有銷路……反正現在閒著也是閒著,不如去賣一賣試試看!

讓他吃驚的是,幾十雙鞋墊一會就賣完了。原本只是試試,沒想到竟這麼搶手。回到家裡,母子數完錢,高興得抱在一起!

把簡單的事做到不簡單

在接下來的幾天裡，張雁翻箱倒櫃，把母親存下來的所有鞋墊都找出來給賣了。鞋墊賣完後，張雁又沒事做了。那天，擺攤的朋友突然打電話來，說有個人來買鞋墊，要幾十雙，問他還有沒有。那時候的張雁，還根本沒有想到要正經經營鞋墊，看到天上掉下來的訂單，才意識到自己無意中摸到了一扇致富的大門。張雁開始在老家找人做繡花鞋墊，然後大量運到城裡賣。

年輕人是消費最為活躍的一個群體，放棄他們等於放棄了大把金錢！怎樣才能讓他們接受鞋墊呢？怎樣才能把傳統的鞋墊和時尚聯繫起來……一連幾個晚上，張雁都在琢磨這個問題。他想，只要給鞋墊賦予情感和個性色彩，不管處於哪個年齡段，從事哪種職業，也不管買鞋墊何用，應該都能夠透過合適的鞋墊給予情感的寄託和表達。

於是，他決定對老家的鞋墊徹底改良。在那 100 多雙改良的鞋墊裡，既有祝福老人的「長壽安康」、「福如東海」，也有企望幸福的「年年有餘」、「吉祥如意」的圖案或字樣；既有反映戀人的「情深似海」，也有反映夫妻的「勿忘我」的圖案或字樣；既有適合商人胃口的「馬到成功」，也有適合駕駛員的「一路平安」的圖案或字樣。此外，還有適合生日、結婚和戀愛中人當禮品送給對方的不同祝福，有適合公務員穿的「步步高升」，有兩雙一起賣的情侶鞋墊……真是豐富多彩，琳

琅滿目！這些人情味極濃的鞋墊剛一亮相，日均銷售量就較以前提高了一倍。

　　經過一系列市場運作的繡花鞋墊，已經徹底擺脫了以前的土氣，搖身一變，成了人見人愛的「寵兒」，它的價格，自然也水漲船高。如今，張雁的鞋墊已經做出了品牌，開了兩家專賣店，加盟店也正在洽談之中。僅僅兩年，張雁就從一個失業在家的打工族成了擁有近千萬元資產的富人。

　　將簡單的事做到不簡單，創造滾滾財源便不再是夢想。

在競爭中合作

　　在遊戲中，總會出現贏者與輸者。根據正負相抵消的原理，遊戲的總成績永遠為零。管理者也應該重視這種現象，要想在競爭中獲得優勢，就得懂得上面所列出的現象。要知道這種觀念在社會的各方面都普遍存在，也就說是勝利者的光榮往往是建立在失敗者的辛酸和苦澀的基礎之上的。

　　隨著社會的不斷發展，經濟的高速成長，人們開始了解商業往來不應該是激烈而無效的惡性競爭，應該是透過有效的合作，實現皆大歡喜的雙贏方式。但是要想做到雙贏，要求各方有真誠合作的精神和勇氣，在合作中不要小聰明，不要總想占別人的小便宜，要遵守遊戲規則，否則雙贏的局面就不可能出現，最終吃虧的還是合作者自己。

在競爭中合作

1979 年，美國福特汽車公司（Ford Motor）和日本馬自達汽車公司（MAZDA Motor）結成策略合作聯盟，這就是世界上最早的跨國公司策略合作聯盟。

據估計，透過產品開發、採購、供應和其他活動全球化，合作聯盟每年至少可以節省 30 億美元的成本。更為重要的是策略合作聯盟的形成使企業之間在產品開發、科學研究、生產製造、產品銷售和售後服務等方面，充分利用寶貴資源以達到策略目標；在增加收益的同時減少風險。策略聯盟具有協同性，能整合聯盟中分散的公司資源，將其凝聚成一股力量。

與競爭對手結成聯盟，避免雙方投入大量資金展開兩敗俱傷的競爭。企業透過聯盟可獲得重要的市場情報，使行銷領域向縱向或橫向擴大，有助於業績的成長。

分工合作，才能達到預期的效果，這個道理被越來越多的企業所接受。隨著技術變得日益複雜，在某些重大開發項目上，沒有一家公司可以單獨包攬所有事情。

惠普和擁有世界雷射印表機 70％ 市場的佳能公司的合作也很成功。佳能負責將墨噴在紙上的「機械部分」，惠普負責軟體、微控制器、使用者調查和市場管理。雖然佳能和惠普在低價噴墨印表機市場上競爭激烈，但其合作還是堅持了下來。

生物製藥領域的葛蘭素公司與史克公司聯盟的重要原因，就是要達到新組建的葛蘭素史克集團三年內每年節省研發成本

10 億英鎊的目標，同時將在全球醫藥市場的份額提高到 75% 左右，從而實現企業資源一加一大於二的經濟效果。

　　隨著科學技術的飛速發展，各公司研究與開發資金日益緊縮，要想在激烈的市場中立於不敗之地，就要與競爭對手進行合作，從而削減研究與開發成本，分攤風險並獲得相互支援，這將是利用較少資金保持技術優勢的一個主要途徑，是合作雙贏的最佳表現，是企業尋求發展的最明智的做法。

和和氣氣生財旺

　　有的企業認為，競爭對手就相當於自己的敵手。在市場競爭中，誰都想勝，都想獲取一定利潤，讓自己的產品占領市場。尤其是當市場不能全部容納下所有競爭企業時，任何企業都想保存自己而「滅掉」對方。但是，在競爭中一定要運用正當手段，也就是說，只能透過品質、價格、促銷等方式進行正大光明的市場競爭，切不可用造謠中傷、暗箭傷人等不正當手段損傷對手。

　　有一年俄國農業歉收，而美國農業豐收。於是，美國許多家糧食企業都在摩拳擦掌，準備大發橫財，可是俄國相關部門好似看透了美國方面的企圖，穩坐釣魚臺，絲毫不露聲色。突然間，俄國商人出現在美國，分別向有關企業訂購小麥，而美國每一家公司都認為是自己單獨與俄國做生意，就迅速大量拋

售。不到五個星期，俄國共向美國有關公司購買了 1,700 萬噸小麥，相當於美國一年糧食出口總量的 45%。

　　起初，美國各公司之間都是各自為政，對其他公司嚴格保密，等到俄國購完小麥，各公司才發現上當受騙了，俄國不是與本公司少量的購買，而是大數量的購買。這一次，美國各公司吃盡了苦頭。

　　這就是同室操戈的最好的例子。這種結果往往是顧此失彼，得不償失。無論是對自己還是對他人都沒有任何的益處。他們根本沒有意識到獲得利益的最佳方法不是利用不正確的手段損傷對手，而是要有獨特、有遠見的規劃。這才是正確的經營之道。

　　某廠曾一度積壓了 4 萬尺布料，看到其他企業都在削價處理，該廠也曾下狠心將出廠價大砍，但由於競爭對手眾多，再加之產品本身的品質、檔次和功能都沒有改變，仍無人問津。後來該廠重新攻關，成功地開發出了手感活爽、毛感和絨感強、色彩豐富、花型入時，適宜做花西服、夾克、風衣和各類時裝的第二代產品。這個產品一放市場就供不應求，不久後該廠舉辦的訂貨會上，又一次引起轟動，訂貨量突破 6 萬尺。鷸蚌相爭，漁翁得利。在對外貿易中，若「同室操戈」，往往使他人得利。在對外經濟貿易中，同行若是不顧整體利益互相排擠，勢必兩敗俱傷，使外商從中取利。中國前幾年在外貿經

營中，就曾出現過這類現象，同一種產品，不同的口岸，不同的廠家，為了賺取外匯，增加出口數量，競相壓降價格，結果使外商揀了便宜。因此，同行業的企業之間若想得到更好的發展，就不應有冤家路窄之感，而應友善相處，豁然大度。這好比兩位棋藝高超的大師在對陣下棋，一方面要分出高低勝負，另一方面又要互相學習和關心，勝者不傲，敗者不餒，相互間切磋棋藝，才能共同提高。

從「無」中生出「有」來

無中生有，是指「無風起浪，惹是生非」或「造謠生事，興風作浪」，說的是 ── 種唯恐天下不亂的心理。但是從計謀或計策的觀點看，「無中生有」則是所謂「創造力的發揮」，它的意義正面的，它的用途是無限的。

一個暴風雨的日子，有一個窮人到富人家討飯。

「滾開！」僕人說，「不要來打擾我們。」

窮人說：「只要讓我進去，在你們的火爐邊烤乾衣服就行了。」僕人以為這不需要花費什麼，就讓他進去了。

這個可憐人，這時請求廚娘給他一口小鍋，以便他煮點「石頭湯」喝。

「石頭湯？」廚娘說，「我想看看你怎樣用石頭做成湯。」於是她就答應了。窮人便從口袋裡掏出路上找來的石頭，把它

洗淨後放在鍋裡煮。

「可是，你總得放點鹽吧。」廚娘說，她給他一些鹽，後來又給了豌豆、薄荷、香菜。最後，又把能夠收拾到的碎肉末也放在湯裡。

當然，您也許能猜到，這個可憐人後來把石頭撈出來扔回路上，喝了一頓肉湯。

如果這個窮人對僕人說：「行行好吧！請給我一碗肉湯。」會得到什麼結果呢？

所以，堅持下去，方法正確，你就能成功。

創意，要求你獨樹一幟地「悟」，推陳出新地「悟」。「悟」出超越自己、超越他人的東西，「悟」出自己沒有、他人也沒有的東西。

現代的企業經營，事實上就是創造力的競賽和戰爭。企業的經營者如果能夠把創造力做恰當的運用，就可能從「無」中生出「有」來，產生意料不到的效果，給自己帶來滾滾財源。

十多年前餐飲業競爭激烈，使不少素質不高的街邊攤販被淘汰出局，留下的則是歷盡千辛萬苦的佼佼者，有的已具一定的規模。譚小霞一家靠不斷創新經營的餐廳就是其中一個典型。

譚小霞一家兩代人就是靠賣雞發達的。但因為競爭激烈，如何創新使老牌子更上一層樓，更符合食客口味？他們一家人齊心協力想辦法。

要浸泡品質優良的雞，第一關是嚴格選料。父親仔細精選各地產的約兩斤的母雞。不管冬寒夏暑，不管雨淋日曬，每天都要跑幾個鐘頭，有時雞種不佳還要多跑幾個市場。母親清早起來便手腳不停。先煮一大鍋粥，又忙著煮開水宰雞。譚小霞除了招呼食客外，還整天花心思嘗試用多種方法浸雞，試了又試，費了不少心思，過了不知多少個不眠之夜，終於發現了關鍵是要掌握好浸雞水的溫度；雞要皮滑、肉嫩，必須要用「蝦眼水」。但「蝦眼水」又要視當日不同的氣溫而定，這就要掌握好爐火溫度。皇天不負苦心人，她終於得出了分批浸和定量下配料的經驗，使每天浸出來的雞，味道一致，雞髓內留下一條紅色線條，形成自己的獨特風味：肥嫩鮮美、雞身油亮、皮爽肉滑、香味濃郁。

總之從選料到上桌，雖然經過多個程序，但一環扣一環，環環扣住品質，形成自己的特色風味。

早在 1990 年分店便增設即點即烹海鮮菜式業務。食客可在海（河）鮮飼養點任意挑選，過秤後便可回席安坐。不一下，香噴噴的海（河）鮮菜式便端到食客面前。

在經營手法上真正把食客當上帝。他們求變求新的經營手法，財源也源源不斷流入了他們的口袋裡。

做生意要有遠大的目光

　　有句話說得好：「思想有多遠，就能走多遠。」鼠目寸光難成大事，目光遠大可成大器。下面講述的是一個有關購買泥土的故事，特別耐人尋味。

　　三個年輕人一同結伴外出，尋求發財機會。在一個偏僻的山鎮，他們發現了一種味道香甜的蘋果。由於地處山區，資訊交通都不發達，這種優質蘋果僅在當地銷售，售價非常便宜。第一個年輕人立刻傾其所有，購買了 10 噸最好的蘋果，運回家鄉，以比原價高兩倍的價格出售，這樣往返數次，他成了家鄉第一名萬元戶。第二個年輕人用了一半的錢，購買了 100 顆最好的蘋果苗運回家鄉，承包了一片山坡，栽種果苗，整整三年時間，他細心看護果樹，澆水灌溉，沒有一分錢的收入。第三個年輕人找到果園的主人，用手指果樹下面說：「我想買些泥土。」主人一愣，接著搖搖頭說：「不，泥土不能賣。賣了還怎麼長果子？」他彎腰在地上捧起滿滿一把泥土，懇求說：「我只要這一把，請你賣給我吧？要多少錢都行！」主人看著他，笑了：「好吧，你給一塊錢拿走吧。」他帶著這把泥土，返回家鄉，把泥土送到農業科技研究所，化驗分析出泥土的各種成分、溼度等。然後，他承包了一片荒山坡，用整整三年的時間，開墾、培育出與那把泥土一樣的土壤。然後他在上面栽種了蘋果樹苗。

現在，10年過去了，這三位結伴外出尋求發財機會的年輕人命運迥然不同。第一位購蘋果的年輕人現在每年依然還要購買蘋果，運回來銷售，但是因為當地資訊和交通已經很發達，競爭者太多，所以每年賺的錢很少，有時甚至賠錢。第二位購買樹苗的年輕人早已擁有自己的果園，但是因為土壤的不同，長出來的蘋果有些遜色，但是仍然可以賺到相當的利潤。第三位購買泥土的年輕人，他種植的蘋果果味甜美，每年秋天引來無數競相購買者，總能賣到最好的價格。

卡內基就曾經深有體會地說：「做生意要有遠大的眼光，要配合時代的需要。只有這樣，你才能成為一名稱職的和優秀的商人。」從這三個年輕人尋求發財機會的經歷裡，我們更可以看出，遠見就是機遇，遠見就是金錢。

遠見就是指具有思考未來的能力，一個企業若想得到良好的發展，更離不開經營者的遠見。只有具備遠見的人才能看清方向，把握商機。相反，如果一個企業經營者目光短淺，急功近利，企業也就不可能獲得長遠發展。面對優勝劣汰的市場經濟，很多企業都被無情的淘汰了，一個很重要的原因就是企業經營者缺少思考未來的長遠意識，只看到眼前的局部發展，沒有考慮企業的長遠發展，沒有用進步的眼光、全球的眼光和時代的眼光來分析和思考問題，從而錯失了一個又一個良機。遠見是一個優秀的領導者必備的素質，只有具有遠見卓識的創業

者，才能夠把握時機，才有望成為市場競爭的勝利者。

經營者能否引領企業走向更好的道路，關鍵在於是否能夠把握市場發展趨勢，看清前進方向，對市場變化的走勢、進程和結果做出正確的超前判斷，從而趨利避害，搶抓商機，掌握競爭的主動權。要做到這一點，創業者就要經常思考未來，練就獨特的策略眼光，善於高瞻遠矚，審時度勢，從而運籌帷幄，在激烈的市場競爭中取得勝利。惡性競爭只能導致兩敗俱傷。

你可以超越別人，別人同樣也可以超越你，惡性競爭是沒有用處的。唯有不斷超越自己的企業才能永保活力，達至不戰而勝。

在生意人中間，經常存在一種很微妙的情緒，人們表面上和和氣氣，如果你的生意經營得不怎麼樣，大家還可以和平共處，但是如果你比其他人的效益好，這些人就有可能在背後聯手，把你擠垮。即使是你的朋友、合夥人，有時也會被這種嫉妒心理衝昏頭腦。對於這些嫉妒，生意人要小心對待。

俗話說得好，防人之心不可無，害人之心不可有。當嫉妒進入競爭領域的時候會變得極其有害，它使我們只想到自己的利益，不是透過做好自己的生意，而是透過搞垮我們的對手事業達到目的。總是希望別人倒楣的人，在做生意上一定不是個有進取心的人，很難取得更大的成功。別人垮掉了，除了滿足了你自己的自私欲望外，實際上你沒有得到任何收益。你不妨

第 5 章　腦袋決定口袋，思路決定財路

忘掉你的競爭對手是一個人，而把他當做一個統計數字吧，如營業利潤、財富累積等，這是一個你要超越的數字。數位比人更具體、更簡單，以數位為目標只會激起你的鬥志，而不會滋長你的嫉妒。如果你不能在規模和分量上戰勝他，那就在品質和用途上擊敗他吧，那也只是你所要超越的簡單數字。

趙襄王向王子期學習駕車的技術。學習期滿，兩人一起比賽駕車。趙襄王換了三次馬，可每一次都落在後面。趙襄王不高興地說：「你既然教我駕車，為什麼不把技術完全教給我呢？」王子期說：「我已經把技術完全教給你了呀。」趙襄王問：「既然如此，你我就應該不相上下。可是，為什麼我總是比不過你呢？」王子期說：「這是你的競爭意識造成的。在比賽的過程中，有時候你在我後面，有時候你在我前面，這很正常。但不正常的是，你的注意力不在如何駕車上，而是在競爭對手身上。當你在我前面時，你害怕我趕上你。當你在我後面時，你又害怕趕不上我。如此一來，你怎麼能夠專心致志指揮馬呢？」趙襄王懊惱地說：「我的確有這樣的恐懼，因為我害怕不能贏得比賽。難道你要我放棄競爭意識嗎？當我放棄競爭意識之後，怎麼能夠贏得比賽呢？」王子期說：「比賽的目的不是為了競爭，而是對你能否專心致志的考驗。當你專心駕車的時候，你的注意力在馬身上。你會挑選最好的馬，會給馬提供最好的幫助。這時候，你的眼裡只有馬的奔跑，只在意自己能否讓馬跑

得更快，你與馬配合默契，甚至已經與馬合二為一，這樣就能夠讓你的駕車技術發揮到極致。」

若想要生意比對手興旺，就要保持良好的觀念，持有錢大家賺的平和想法。當顧客在你的店或廠裡沒有買到想要的商品時，你能夠把他介紹到自己的競爭對手那裡去；在對手的經營發生危機時，你能向他伸出援助之手，而不是不乘人之危，落井下石；宣傳廣告時，抬高自己的同時不要故意貶低對手；互相學習，共同發展，同行前來參觀時，熱情接待，任其觀看、詢問；和競爭對手保持融洽的關係，經常上門探訪，交流各種經營和商品資訊。這樣一來，競爭對手也會以同樣的方式對待你，從而形成了一個良好有序的迴圈模式，並在這種迴圈模式中得到和平的發展。

君子愛財，取之有道

君子愛財，取之有道。這個「道」是途徑的意思。勤勞致富，靠的是辛勞的汗水，值得稱道。科技致富，靠的是智力的開發，令人仰慕。揚格說過：「發財有術，能叫沙子變金子。」我們每個人有不同的愛好、專業和特長，在我們致富的過程中就應該有不同的「道」。如果沒有創造力，只是人云亦云，跟著別人行動，是不利於整個社會發展的。當然，這個「道」也不能超出法律和道德所允許的範圍。只有透過合乎法律和道德

的勞動，不論是體力勞動還是腦力勞動，我們才能獲得財富。事實上，金錢無所謂好壞，關鍵要看你的財富是透過什麼樣的途徑得到的。

對於 JK 羅琳（J. K. Rowling），任何人都不會陌生，她就是《哈利‧波特》（Harry Potter）系列的作者。出生於 1965 年 7 月 31 日的英國女作家 JK 羅琳，目前已經完成多本奇幻小說，這些小說不僅讓羅琳聲名鵲起，更讓她賺了個盆滿缽滿。它們已被翻譯為 60 種語言，全球銷量超過了 2 億冊，與此同時，根據小說改編的電影也獲得了巨大成功，這些使得羅琳個人財產升至 10 億美元。

連續 3 年，羅琳名列英國超級富婆榜首位，2005 年她的財富總額甚至是英女王伊莉莎白二世（Elizabeth II）的 8 倍多，羅琳成為英國賺錢最多的女性。有些人預言，她最終的個人財產可能達到 100 億美元。

對於羅琳來說，她的成功簡直就像個神話，在《哈利‧波特》第一部出版前，羅琳還只是一個離了婚的窮作家。羅琳獨自撫養著兒女，為了生活冒著失去領取救濟金的危險偷偷打工，一旦閒下來，便在附近的咖啡館裡忘情寫作，寫她心中的魔幻世界，她幾乎是強迫自己寫作。她把寫好的小說送給出版商，遭遇到的是屢屢的退稿，但是她依然如故，鍥而不捨，終於精誠所至，金石為開，她成功了，並成了世界上最富有的女人之一。

君子愛財，取之有道

　　羅琳從赤貧到巨富，這一切她自己也始料不及。不過，這位出身蘇格蘭的單身母親在窮困窘迫中構思並創作的「哈利波特」的形象，成為全球兒童及成人讀者最喜愛的童話人物之一，她改變的不僅僅是自身的貧窮，羅琳的意義在於：在一個日益全球化的時代，她用童話的形式擺脫了貧窮。

　　孔子云：「不義而富且貴，於我如浮雲。」我們在追求財富的時候要記住：獲取財富要透過正當途徑。

　　要想有錢，就要學會賺錢，當然要懂得賺錢法則。

＊ **堅持看新聞**：要想把握經濟局勢，必須關注政局，新聞圖文並茂，也可以看財經報導，也可以看焦點訪談，坐觀天下經濟大趨勢。

＊ **堅守信用，一諾千金**：你確認一定能夠做到的事情才可以承諾，但不要誇大其詞；你如果想一直做個商人，那麼你必須樹立自己的信譽！雖然你可以不在乎外界對你的爭議甚至你也可以製造爭議，但你不能失去信譽，否則你就不是商人而是一個騙子。如果和別人約了下午 2 點見面，那麼你絕對不可以 1：50 以前或者 2：10 以後出現，如遇交通堵塞或意外事件，那你必須及時通知對方，除非你出了車禍，否則你都沒有理由爽約，你的涵養則表垷不守承諾的態度。

＊ **輸不起的生意不要去做**：在做任何生意以前，你都必須考慮清楚，如果你輸了，那麼你是否輸得起，而不是去考慮你如果贏了會怎樣怎樣，輸不起的事情你最好別做！而考慮輸的範圍時你也不要只考慮錢財方面，有些東西你永遠都輸不起，包括你愛的人，你的家人，你的江湖地位甚至你的信譽……

＊ **不要先投入太多**：不要把自己手裡所有的牌全部亮出來，因為牌局隨時會中途停止，而對方也隨時會出新的牌，不到最後關鍵時刻，最好不要亮出你手裡最有分量的牌，最後的贏家才是真正的贏家！

＊ **有所為也有所不為**：「勿以善小而不為，勿以惡小而為之」，說的是做人的道理，生意也是如此，不要因為利潤少就不去做，也不要因為風險小就去做。違背法律的事情不可以做，違背道義的事情堅決不能做。

＊ **慎重選擇合作夥伴**：無論是團隊，還是個人，很多時候我們都渴望有能夠和我們一起聯手打天下的黃金搭檔，但親密戰友一定要慎重再慎重的選擇 ——

‧ 其一，在你沒有負他的前提下，他對你所說的每一句話他自己都能負責任；

‧ 其二，他必須是個實在而且能踏實做事的人；

‧ 其三，他考慮得更多的是你們之間的共同利益，而這個共同利益高於個人利益；

・ 其四，關鍵時刻他沒有躲開更沒有出賣你（或者大家在他能獲得比合作利益還大的利益的前提下）。

四點缺一不可，否則彼此之間的合作不會長久。

團隊裡沒有家庭成員。無論是老公還是你父母，都不可以在以你為核心之一的商業團隊裡有太多插手，因為以你為核心之一的團隊接受的是你，而不是你的家庭成員，在團隊全體成員主動接受並邀請你的家庭成員成為團隊一員以前，無論你的家庭成員是誰，有多大的本事，或者可以給你們的團隊帶來多大的幫助，都不能成為你讓你的家庭成員成為團隊一員的理由。

* **不要顯擺**：切記天外有天，不要在任何場合顯擺，哪怕你真的有實力，而當對方只是個膚淺的人。

* **不要過多用金錢粉飾自己**：雖然面子對你而言很重要，但相對於你自己的人格魅力而言，有沒有名車、游泳池的別墅以及你的服飾，甚至髮型這些都會顯得微不足道；當然你可以按自己的喜好穿一雙布鞋，甚至可以在有時間的時候飛到國外去看一場你喜歡的球隊的主場或客場比賽。

* **總結別人的成敗得失**：不要羨慕別人的成功，更不要鄙夷別人的失敗，你首要應該做的是學會分析和總結現象背後的本質，找出別人失敗或者成功的全部原因，取其長，補己短，做你自己該做的事情。

＊ **不要事必躬親**：不要把自己搞得沒有時間與朋友交流，更
　不要讓自己沒有時間放鬆與思考，學會讓別人去幫你打點
　生意，處理業務，雖然業務的核心部分你自己必須牢牢把
　握；同樣，把事情交給別人去做的風險你要考慮清楚並能
　夠預防。

第 6 章

換個方法做人，換個手段做事

怎樣做人做事乃是人生頭等之大事。凡是做大事者都要有突破傳統思路的魄力，必須形成一種有自己獨特風格的做事思路和做人方法。每一種以自我本色為基礎的思路，都會引領我們走上與眾不同的人生旅途。

言必信，行必果

誠實守信，是中華民族優秀的傳統之一，自古以來，中國人都十分注重講信用，守信義，並把它作為為人處世、齊家治國的基本品格。言必信，行必果。東漢許慎在《說文解字》中說：「信，誠也。」古代的聖賢哲人對誠信有諸多闡述。「君子之言，信而有征。」征，為證明，證驗之意。「言之所以為言者，信也；言而不信，何以為言？」就是說人說話要算數。「誠信者，天下之結也」，意思是說講誠信，是天下行為準則的關鍵。

孔子也多次講過誠信，如：「信則人任焉」、「自古皆有死，民無信不立」。孟子說：「至誠而不動者，未之有也；不誠，未有能動者也。」荀子認為「養心莫善於誠」。墨子也極講誠信：「志不強者智不達，言不信者行不果。」老子把誠信作為人生行為的重要準則：「輕諾必寡信，多易必多難。」莊子也極重誠信：「真者，精誠之至也。不精不誠，不能動人」。這就把誠信提高到一個新的境界。韓非子則認為「巧詐不如拙誠。」古代的聖賢哲人把誠信作為一項崇高的美德加以頌揚。

東漢時，汝南郡的張劭和山陽郡的範式同在京城洛陽讀書，學業結束時，張劭站在路口，望著天空的大雁說：「今日一別，不知何年才能見面？」說著，就流下淚來。范式拉著張劭的手說：「兄弟不要難過。兩年後的秋天，我一定去你家拜望老

人，和你相會。」轉眼就到了兩年後的秋天，張劭對母親說：
「剛才我聽見天空雁叫，秋天到了，範式快來了。我們準備準備
吧！」他母親不相信，歎息道：「一千多里路啊！又沒有什麼
重要的事情，範式怎麼會來。」張劭說：「范式為人正直、極守
信用，不會不來。」老母親怕兒子傷心，只好去準備酒菜。約
定的日期到了，範式果然風塵僕僕趕來了。舊友重逢，范式重
信守諾的故事一直為後人傳為佳話。

　　一個人要想在社會立足，做一番事業，就必須具有誠實守
信的品德。一個欺上瞞下，騙取榮譽與報酬的人，是遭人唾罵
的。誠實守信是一種社會公德，是社會對做人的基本要求；是
追求成功的必經之路，它既表現了對他人的尊重，也表現了對
自己的尊重。對別人的承諾言而無信，不僅有害對方，有時也
危及自己。中國古代也有不講誠信而自食惡果的例證。

　　西周建都豐鎬（今長安縣西北），接近戎人。周天子與諸
侯相約，要是戎人來犯就點燃烽火，擊鼓報警，諸侯來救。周
幽王的愛妃不愛笑，唯獨看到鋒火燃起，諸侯的軍隊慌張從四
面趕來時而大笑不止。周幽王為博得愛妃高興，數次無故燃起
鋒火，諸侯的軍隊多次趕到而不見戎人，認為受了騙。後來戎
人真的來了，當烽火再燃起時，已無人來救。最終周幽王被殺
於驪山之下，為天下人所恥笑。這就是烽火戲諸侯的故事。

　　還有一個例子，它表現出的卻是另一種情形。

鄭周永承包下一座大橋的修建工程。由於戰時物價上漲，開工不到兩年，工程費總額竟比簽約承包時高出了七倍。在這嚴峻的時刻，有人好心勸阻鄭周永，趕快停止施工，以免遭受進一步的損失。但鄭周永另有一番想法：金錢損失事小，維護信譽事大。於是鼓起勇氣毅然決定：為了保住信譽，寧可賠本甚至破產，也要按時把工程拿下。結果付出了巨大的代價。

鄭周永雖然吃了這回大虧，以致瀕臨破產，但也因此樹起了恪守信用的形象，贏得了人們的信任，生意一個接一個找上門來。不久，他投標承包了當時南韓的四大建設專案：韓興土建、大業、興和工作所和中央產業，承建了漢江大橋的第一期工程。接著，又繼續承建了漢江橋的第二、第三期工程。僅是漢江大橋這三項重大工程就前後花了整整十年的時間，它不僅使鄭周永的「現代建築」賺得了豐厚的利潤，而且壓倒了同行對手，一躍成為韓國建築行業的霸主。

在現代競爭激烈的時代，信守諾言顯得更為重要，與人相處，失信於人，朋友關係終究不會長久。信譽良好可靠，那是一個人或一個企業巨大的無形資產，累積的越多，收穫得也就越大。

寬容，不斤斤計較

「大肚能容，容天下難容之事；開口便笑，笑天下可笑之人。」凡有彌勒佛的寺廟裡，我們經常可以見到這幅對聯。這幅對聯，是講度量，人能達到能容天下萬事萬物的度量，其思想便是進入「禪」的高層境界了。度量，是對他人長處、短處和過錯的一種包容。度量大，能得人心、團結人以成其強大，對創造和諧的工作環境，十分有益。

統一企業的董事長說：「待人處事，要包容大度。」這個道理人盡皆知，可是這也是最典型知易行難的事，有人就開玩笑的說：「眼睛都容不下一粒沙，更何況是他人對自己的辱罵與毀謗。」

他認為，要能成就一番大事業，就必須有肚量與氣度，所謂江海不擇細流，故能成其大，泰山不捐土壤，故能成其高。他舉了多年前自己的一個例子來說明。

多年前，基於道義與情義，他在臺南投資了一項自己全然陌生的事業，接手時，這個事業已搖搖欲墜，再加上市場開放競爭，前景極為黯淡，面對這個必敗的局面，他們苦撐多時，虧損連連，最後在兼顧了情理法的情況下，決定退出。

但是事情並不如想像容易解決，這家公司部分的員工，以他們退出為由，凸顯勞資對立的問題。這段期間，有很多不實的言論都落在董事長的身上，加上許多莫須有的罪名，皆極盡

詆毀之事，對個人造成不小的傷害，很多朋友都替他抱不平。之後這家公司幾番易主，他也逐漸淡忘此事，後來有朋友告知有一家企業負責人希望能來統一公司就通路銷售一事與他商議。

　　進一步打聽之後，才知道這家企業竟然就是當初接手的那家公司，負責人雖已換手，但是當初誹謗他甚烈的一些員工，仍位居高位，在這種情形下，他還是決定和這些朋友會面，並願意協助他們進行產品的銷售，不久之後，又設宴款待這些新朋友，結果賓主盡歡。有些熟悉內情的朋友，都認為不值得也無此必要。但董事長的想法是，在成人的世界要化敵為友不是一件容易的事，如果他僅是順勢幫忙他人一下，再誠心請別人吃飯、談談心，即能因此化解誤會，何樂而不為呢？

　　董事長說，他也是一個凡人，遇到無理或無禮的事，也會生氣，不過這些氣，常與忘性連在一起，事情過了，也就忘了，每回生氣，很少過夜，隔天就拋在腦後了。我們也都只是一個平凡的人，也都有自己的脾氣與原則，遇到不平之事或者遇別人惡意的毀謗，也會氣憤難平。

　　我也曾經被落井下石、惡意傷害過，那些傷害在當時的確留下難以抹平的傷痕，但是隨著時間的流逝，也能坦然面對那些落在身上的痛楚，並且學會用另一種寬容的心去面對，覺得自己並沒有損失，反而因此獲益。與其在心中還留著怨恨，倒不如把心胸放寬，讓自己有更多的包容力來面對人生，迎接未來。

寬容，不斤斤計較

要做到寬容，領導者首先要有寬廣的心胸，善於求同存異，虛心聽取各種不同的意見和建議，不要總是對一些細枝末節斤斤計較，更不要對一些陳年舊賬念念不忘，因為領導人的一言一行都可以成為屬下在意的對象。

糊塗上司懂得寬容之心在企業管理中的重要性。寬容猶如春天，可使萬物生長，成就一片陽春景象。宰相肚裡能撐船，不計過失是寬容，不計前嫌是寬容，得失不久據於心，亦是寬容。寬容之所以必要，一則因為寬容可以贏得下屬的忠誠，保持其積極進取的心；二則因為寬容可以使自己不受一時得失的影響保持對事情正確地判斷；三則因為寬容可以建立企業內部融洽的關係。

寬以待人的上司看似糊塗、軟弱，實則為自身發展創造了良好條件，糊塗上司的精明之處，便在於此。以寬容對待狹隘，以禮貌謙恭對待冷嘲熱諷。不將心思牽於一事一物，不將一絲哀怨氣惱掛在心頭，這是作為一位領導者理應具備的容人雅量。

當今世界，充滿競爭。人與人之間有競爭，企業與企業之間也有競爭，國家與國家之間更有競爭。競爭是殘酷的，而當今這個時代卻供奉著適者生存的原則，一淘汰即失敗。誰都想勝利，這個時候，無論在胸襟或合作方面，都應擁有「大度量」。只有那樣才會有機會、有能力去競爭。

寬容，就不要再為雞毛蒜皮的小事斤斤計較。在交往過程中，人和人之間難免會有一些摩擦，但是請記住「在這小小的天地裡，我們大家生活在一起」，既然如此，還有什麼大不了的事總是耿耿於懷呢？要知道沒有度量的人，是做不出什麼事業，成不了氣候的。

堅持在別人背後說好話

在我們的職場工作環境當中，常有一些同事聚在一起，喜歡談論的就是那些不在場同事的是非。一提到這些論人隱私的話題，大家就顯得興致勃勃，現場的氣氛也隨之熱烈起來。但是這種無聊的話題卻是一點也不值得聲張。不論你說的話題有沒有惡意，到最後都會變成讓人不舒服的壞話。

而這種搬弄是非、道人長短的話很容易傳到對方耳中。即使聽到這些話的人並非故意去傳播，但還是會直接或間接傳人當事人耳中，而且往往已被添油加醋，不堪入耳，這正是所謂的「好事不出門，壞事傳千里」。

曾經看過一個相聲，說是馬季先生在家生了一個雞蛋，一下就傳成了他生了一個鴨蛋，而且還是鹹鴨蛋，一下又傳成了他生下一個鵝蛋，最後傳成了馬季先生生了一個恐龍蛋。足可見人言可畏，捕風捉影的可怕，當初說話的人的初衷，往往在傳話的過程中就變了味，說不定好話就成了壞話了。記得最清

楚的就是朋友曾告訴我的一件事情：

他為了考驗是不是某個人喜歡向上司打小報告，某日上午特地和這個人說了一件任何人都不知道的事情，下午他專門去上司的辦公室轉，結果上司就問他上午是不是說什麼了。可見傳話之快、傳話之速了。

人們都討厭背後說別人壞話的小人，一方面是背後說壞話，會有中傷別人的感覺，另一方面，人們會覺得背後的評價更能表現那個人內心的真實想法。因此，當他知道一個人在背後讚美自己的時候，也會感覺你真的是這樣想的，會更加的高興。不要擔心你在別人面前說另一個人好話，那些好話當事者不會聽見，這世界沒有不透風的牆，就算讚美傳不到他本人耳朵裡，別人也會因為你在背後誇獎人而更加敬重你。

每個人都有虛榮心，喜歡聽好話。來自社會或者他人的讚美能使一個人的自尊心自信心得到極大的滿足。當他的榮譽感得到滿足時，他會情不自禁的得到鼓舞和愉快，從而從心裡對你感到親切，縮小了你們的心理差距。如此一來，你們溝通交流，會有事半功倍的效果。不知不覺間，你就會擁有良好的人緣。

《紅樓夢》中有這麼一段：

史湘雲、薛寶釵勸賈寶玉做官為宦，賈寶玉大為反感，對著史湘雲和襲人讚美林黛玉說：「林姑娘從來沒有說過這些混帳話！要是她說這些混帳話，我早和她生分了。」

第6章 換個方法做人，換個手段做事

　　湊巧這時黛玉正來到窗外，無意中聽見賈寶玉說自己的好話，「不覺又驚又喜，又悲又是嘆。」結果寶黛兩人互訴肺腑，感情大增。

　　因為在林黛玉看來，寶玉在湘雲、寶釵、自己三人中只讚美自己，而且不知道自己會聽到，這種好話就不但是難得的，還是無意的。倘若寶玉當著黛玉的面說這番話，好猜疑的林黛玉怕還會說寶玉打趣她或想討好她。

　　人是社會的主體，想在其中立足，首先要做好的就是處理協調好人與人之間的關係。問題很簡單實際，簡單到只是人與人之間在生活中的交往而已。可它卻又是個涉及到無數個細節的繁瑣問題。任何一點出了紕漏，可能都會影響到你和他人的交往，簡單點說，就是你會有不好的人緣。

　　「前」與「後」的關係構成整體。所謂「思前想後」講的就是這個道理。人生也有「前臺」與「後臺」，即如何處理好人前與人後的關係，往往影響很大。

　　喜歡聽好話是人的一種天性。當來自社會、他人的讚美使其自豪心、榮譽感得到滿足時，人們便會情不自禁感到愉悅和鼓舞，並對說話者產生親切感，這時彼此之間的心理距離就會讚美而縮短，自然就為交際的成功創造了必要的條件。

　　德國的鐵血宰相俾斯麥（Otto von Bismarck），為了拉攏一個敵視他的議員，便有故意在別人面前讚美這位議員，他知道那些人聽了之後，肯定會把他的話傳給那個議員。後來，倆

堅持在別人背後說好話

人成了無話不說的政治盟友。

事實上，在我們的周圍，可把這種方法派上用場之處不勝枚舉。例如，一個員工，在與同事們午休閒談時，說了上司的幾句好話，「我們的上司很不錯，辦事公正，對我的幫助很大，能為這樣的人做事，真是一種幸運。」當這幾句話傳到他的上司的耳朵裡去了，這免不了讓上司的心裡有些欣慰和感激。而同時，這個員工的形象也上升了。

不要小看這些細節，生活就是由無數個細節組成的。生活沒有多少轟轟烈烈的事情等著我們，我們要做的只是細節。現在，我們要注意的細節是，堅持在背後說別人好話，別擔心這好話傳不到當事人的耳朵裡。

對一個人說別人的好話時，當面說和背後說是不同的，效果也不會一樣。你當面說，人家會以為你不過是奉承他。當你的好話在背後說時，人家認為你是出於真誠的，是真心說他的好話，人家才會領你的情。假如你當著上司和同事的面說上司的好話，你的同事們會說你是討好上司，而容易招致周圍同事的輕蔑。另外，這種正面的歌功頌德，所產生的效果反而很小，甚至有反效果的危險。你的上司臉上可能也掛不住，會說你不真誠。與其如此，倒不如在公司其他部門，上司不在場時，大力「吹捧一番」。這些好話終有一天會傳到上司的耳中的。

堅持在別人背後說好話，對你的人緣會有意想不到的影響。背後說好話，這樣就可以人人不得罪，左右逢源。

第 6 章　換個方法做人，換個手段做事

做事要給自己留有餘地

　　做事要給自己留有餘地，不要斷了自己的後路。一個交友辦事的高手，在朋友幫自己辦事沒辦成時，也會適時感謝對方，這樣既維繫了原來的友誼，又為以後的交往打下堅實的基礎。辦完事後，說聲「謝謝」是世界上最容易贏得友誼的辦法，它是加強人際關係的一件法寶。

　　大多數人都有一個弊病，求人時好話說盡千千萬萬；事成後，半句問候也不言。這讓人覺得世態炎涼，傷透了被求者的心，讓助人者以後對登門相求者，不肯輕易應諾。因此求人辦了事之後，即便你事先送了重禮，也別忘了再道聲謝，溫暖他的心，這是結尾處最圓滿的一筆。如果事前卑躬屈膝，事後旁若無人，將會堵死你以後的路。

　　有一個在外工作的記者，春節時準備回老家過年，但他臨時有採訪任務，抽不出時間提前去買火車票，於是他託付一個好朋友小芸替他去買票。小芸馬上跑到火車站，排了兩個小時的隊，輪到她時，火車票賣完了。小芸無功而返，記者心裡很不高興，不但連一句感謝的話都沒有，還覺得小芸耽誤了他的行程，給了小芸一個難看的臉色。小芸排了兩個小時的隊，雖然沒買到票，沒有功勞也有苦勞，一句感謝的話都沒聽到，相反還被埋怨，心裡不好受，記者因為這件事失去了小芸這個朋友，當然小芸再也不會幫記者辦任何她能辦到的事情了。

在求人辦事時，有許多人存在這樣的心態，對方幫自己辦事，如果辦成了，理所當然地要感謝對方。如果事情沒有辦成，就認為不必感謝對方了，甚至埋怨對方。其實這種心態是不對的。對方即使沒有幫你把事情辦好，可能是由於某些原因，但他可能盡了自己的最大努力。因此事情沒辦好，也要感謝為你辦事的人，這會給辦事的人以信心和鼓勵，使得兩人的感情更為融洽，也為對方下一次替你辦事打下伏筆，預留了感情的資本。

保持適當的低姿態

放低姿態既是一種態度也是一種作為，學習謙恭，它能讓我們腳踏實地的攀上成功的高峰。自古以來，凡成功者都懂得放低姿態。周文王棄王車，陪姜太公釣魚，滅商建周成為一代君王；劉備三顧茅廬，拜得諸葛亮為軍師，促成三國鼎立。這些都是我們耳熟能詳的故事，如果沒有文王及劉備的低姿態，又怎能流芳百世呢？

有一位博士在找工作時，被許多家公司拒之門外，萬般無奈之下，博士決定換一種方法試試。他收起所有的學位證明，以一種最低的身分去求職。不久，他被一家電腦公司錄用，做一名最基層的工程師。沒過多久，上司就發現他才華出眾，竟然能指出程式中的錯誤，這絕非工程師所能比的，這時，博

士亮出了自己的學士證書，老闆於是給他調換了一個適合的工作。過了一段時間，老闆發現他在新的崗位上也遊刃有餘，能提出不少有價值的建議，這比一般大學生高明，這時博士亮出自己的碩士身分，老闆又提升了他。有了前兩次的事情，老闆也比較注意觀察他，發現他還是比碩士有能力，就再次找他談話。這時博士拿出博士學位證明，並說明了自己這樣做的原因，老闆恍然大悟，毫不猶豫重用了他。

在別人面前保持低調，有時是我們的生活方式和工作方式中的一種。它與道德和氣節毫無關係。就好比遇到一個很低的門時，如果昂首挺胸地過去，肯定會撞到腦袋，這時最明智的做法只能是彎下腰低頭，讓低門顯得比自己高就好了。

人們在生活中會遇到很多事情，需要找工作，需要調動工作，需要開拓更廣泛的人際關係。在所有這些活動之中，你可能都處於一種求人的地位，處於一種必須表現低姿態的格局之中。去求別人，並不說明別人比自己更有價值。它只說明在要辦的這件事上，別人由於種種原因比自己有更多的主動權，所以你要表現低姿態，但只是向對方說明在這件事情上實力不如對方，需要對方的說明，但並不能代表其他。

每個人都有自己的優勢，而在自己的實力不足的領域之中，就需要求別人辦事以解決自己的問題。正如找醫生看病要付錢一樣，找別人辦事就不要顧及自己的面子，這是向對方顯

示低姿態的一種具體的代價。所以如果想把事情做成，就得以一種低姿態出現在對方面前，表現得謙虛，甚至愚笨、畢恭畢敬，使對方感到自己受人尊重，比別人聰明，那麼在談事時對方就會放鬆警惕，覺得自己用不著花費太大精力去對付一個沒有威脅力的人。當事情到了明顯有利於自己的時候，對方也就不會以高姿態去對你，也就不會與你一爭長短了。其實，以低姿態出現只是一種表象，是為了讓對方從心理上感到滿足，使他願意合作。實際上越是表面謙虛的人，越是非常聰明的人，越是工作認真的人。當你表現出大智若愚來，使對方陶醉在自我感覺良好的氣氛時，你就已經受益匪淺，並已經完成了工作中很重要的那一半了。這才是明智之舉。

正話反說效果更好

人們常常說，真理向前一步就可能變成謬誤，同理，反面的話稍加引申就可能成為正面。正話反說所能起到的作用，往往比一本正經的規勸和說教效果要好得多。

漢武帝劉徹有位乳母，在宮外犯了罪，被官府抓了，並稟告漢武帝。漢武帝心中十分為難，畢竟是自己的乳母，滴水之恩當湧泉相報，何況自己是被乳汁養大的。但是天子犯法與庶民同罪，如果不處置她，有失自己天子的尊嚴，以後何以君臨天下。思來想去，漢武帝決定以大局為重，依法處置自己的乳母。

乳母深知漢武帝的為人，知道自己凶多吉少，便想起了能言善辯的東方朔，請求東方朔幫自己一把。

東方朔也頗感為難，他想了想說：「辦法也有，但必須靠你自己。」

乳母急切地問：「什麼辦法？」

東方朔說：「你只要在被抓走的時候，不斷地回頭注視武帝，但千萬不要說話，也許還有一線希望。」

乳母雖不解其中玄機，但還是點了點頭。

當傳訊這位乳母時，她有意走到武帝面前向他辭行，用哀怨的眼神注視著武帝，幾次欲言又止。漢武帝看著她，心裡很不是滋味，有心想赦免她，又苦於君無戲言，無法反悔。

東方朔將這一切看在眼中，知道時機成熟了，便走過去，對那位乳母說：

「妳也太痴心了，如今皇上早已長大成人，哪裡還會再靠妳的乳汁活命呢？不要再看了，趕快走吧。」

武帝聽出了東方朔的話外之音，又想起了小時候乳母對自己的百般疼愛，終於不忍心看乳母被處以刑罰，所以法外開恩，將她赦免了。

當我們遇到一些不愉快的事情時，用正話反說的方法可能會收到更好的效果。

有一頑童，大年三十那天，一大早便出門找朋友玩耍去

了。玩了一段時間後，發現自己頭上一頂新帽子不知何時丟
了。於是心驚膽戰跑回家去，對他媽媽報告了一下大致情況。
要是在平時發生這種情況的話，媽媽一定會大聲斥責他。可是
今天是大年三十，不能罵孩子，儘管心裡很火，也硬忍著沒有
爆發。這時來他家串門的鄰居王叔聽了後，笑著說：「帽子丟
了，這沒關係，這不是正好意味著『出頭』了嗎？今年你一定
走好運，有好日子過了。」一句話，說得孩子的媽媽轉怒為喜，
並附和著說：「對！孩子從此出頭了。」於是大家一陣哈哈大笑。

　　尤其是對那些特殊工作的人們，在說話時更要看清狀況，
學會正話反說，反之，則會給人帶來不幸。

　　某護士剛從醫學院畢業，懷著滿腔熱情到一家醫院實習。
實習的第一天，帶她的醫生讓他到 6 床通知病人，把病情好好
跟病人說一下，告訴他只剩下 6 個月的時間了。

　　護士聽完醫生的話，就拿著 6 床的病歷到了病房。一進病
房她就大聲喊道：「6 床的病人做好心理準備啊，你只剩下 6 個
月的時間了。」病人聽完後一下子承受不住，當場就昏了過去。」
主治醫生知道後狠狠地教訓了她：「病人因為身體的疾病已經
很痛苦了，你怎麼可以這樣直接就告訴他呢？萬一出現什麼後
果，你負得起責任嗎？」9 床的患者還有二十幾日了，你再去
通知一下，要切記，不要大聲說，也不可以直接說出事實。」

　　這次護士很聽話，面帶微笑走進病房，輕輕來到 9 床病人

面前，貼近他的耳朵說：「你們猜猜，20 天後誰會去見上帝？」

我們不能說這個護士沒有能力，但是她的語言表達方式實在令人不敢恭維。

在社交談話中，直話直說是致命傷。別誤解，這不是在鼓勵說謊。這裡講的是一種高深藝術。餐桌談話的高手能夠像鬥牛勇士一樣，揮灑自如地應付、閃避災難。

一個人只有注意說話時的環境，做到情景相宜，才能取得良好的說話效果，那些不看場合亂說話的人難免要碰釘子。

楚莊王是「春秋五霸」之一，在他爭得中原霸主地位後，開始沉溺於酒色之中，沒有當年爭奪霸權時的那種進取精神了。

一次，楚莊王得到一匹身軀高大、色澤光鮮的駿馬，心裡高興極了。楚莊王便從此一心撲在這匹馬身上，嗜馬如命。不料事與願違，沒過多久，這馬便死了。楚莊王非常痛苦。為了表達他對愛馬的真情，決定為馬發喪，金殯玉葬，以大夫禮葬之。

楚莊王的決定一發布，立即遭到群臣的反對，許多忠直之士以死相諫，但楚莊王主意已定，誰也無可奈何。正當群臣搖頭嘆息之際，突然從殿門外傳來號咷。大哭之聲，楚莊王驚問是誰，左右告之是侍臣優孟。於是，楚莊王立即傳令優孟覲見，問道：「愛卿，何故大哭？」

優孟一邊抹眼淚，一邊哭哭啼啼說道：「堂堂一個楚邦大國，有什麼事情辦不到，有什麼東西得不到？大王將自己所

愛之馬以大夫之禮下葬，不但不過分，而且規格還嫌低了。我請大王應該將愛馬以國君之禮葬之，賜以玉雕棺材，好木頭做的棺槨，而且要全國老幼撫土掩埋，通知鄰國來弔唁。這樣讓諸侯們也好知道大王您看重馬而輕於人，這不是很明智的舉動嗎？」

優孟的話音剛落，群臣一片喧嘩，以為優孟之說，十分荒唐。楚莊王一聽，卻沉默不語，細細品味優孟話中的真意。尋思良久，低著頭慢慢說：「我說以大夫之禮葬之，確實太過分，但話已傳出，現在能怎麼辦？」

優孟一聽，馬上道：「我請大王將死馬交給廚師，用大鼎烹飪，放上調料，煮熟後，馬肉讓群臣飽餐一頓，馬骨頭以六畜之禮下葬。這樣天下人以及後世就不會笑話您了。」

楚莊王找到了一個臺階下，群臣大吃了一頓馬肉，事情也就此了結了。

優孟的一席話，勸阻了楚莊王荒唐的行為，但是為什麼其他的大臣勸諫不成呢？原因就在於他們沒有掌握正話反說的技巧。

我們必須牢記「說話莫忘看場合」。因為理學告訴我們，在不同的場合環境中，人們對他人的話語有不同的感受，並表現出不同的心理承受能力，正因為受特定場合心理的制約，有些話在某些特定環境中說比較好，但在另外的場合中說未必佳；同樣

的一句話，在這裡說和在那裡說效果就不一樣，說什麼，怎麼說，一定要顧及說話環境，才能取得良好的說話效果。總之唯有巧妙利用語境，做到情景相宜，才能攻破人們的心理防線。

說話要說到重點上

古人云：「山不在高，有仙則名；水不在深，有龍則靈。」說話也是如此，話不在多，點到就行。在生活節奏緊張快速的現代社會中，沒有人願意花費大量的時間去聽你的長篇大論。這就要求你在談話時要做到言簡意賅，一針見血。

《三國演義》中有一段「白門樓斬呂布」的故事。呂布被曹操所擒，曹操考慮到呂布的本領高強，有心饒他不死，留下為己所用。為此他徵求劉備的意見。劉備擔心呂布歸順曹操後，不利於日後自己稱雄天下，希望曹操處死呂布。這時，劉備本可以列舉呂布的劣跡惡行，但他僅選擇了呂布心狠手辣、恩將仇報、親手殺死義父的典型事例來說服曹操。劉備只說句：「公不見丁建陽、董卓之事乎？」一句話，提醒曹操想到呂布反覆無常，很難成為心腹，弄不好就成為呂布的刀下鬼。於是曹操下決心，立斬呂布。

呂布曾有恩於劉備，呂布被斬之前，也曾提醒劉備：「君不記轅門射戟之事乎。」然而劉備卻不予理會，只用一句提示性的話，就堅定了曹操的決心，立刻就要了呂布的性命。

說話要說到重點上

　　凡是小事如果處置不當，萬急之中也會釀成禍害。此時能不能說話，善不善於說話，可真是性命攸關的大事了。話要說到點上才能起關鍵性的作用。所以話並不是說得越多才越有說服力，要抓住談論的要害，才能事半功倍。因此要想要想在人際交往中處於不敗之地，就要有個好口才，這就像我們辯論一樣，抓不住對方的論點要害，永遠也不會將對方擊敗。

　　漢武帝好巡遊，一次在鼎湖病後到甘泉視察，發現甘泉官道坎坷難行，事先未整治，不禁惱怒從心而起：「難道義縱覺得我必定駕崩鼎湖。連甘泉也來不了了嗎？」

　　這件事本是義縱的疏忽，但情急之中義縱竟難以置辯。不久，漢武帝就找藉口殺了義縱。同樣是漢武帝，好騎馬遊獵，一次大病之後，猛然發現宮中禦馬竟比以前瘦了許多。他喝令叫來管馬的上官桀，罵道：「你是不是以為我該病死，連禦馬也看不到了？」說罷便要治罪。

　　上官桀非常機智，急忙申辯說：「臣萬死不辭，唯知陛下聖體欠安，臣日夜憂慮，無心養馬。臣確實已失職，陛下願殺願罰，都請自便，只要陛下聖體健康，臣死而無憾！」言未畢，泣不成聲。

　　沒有養好馬與沒有修好官道一樣，都是沒有盡到職責，但是上官桀卻很高明地將失職轉成盡忠的表現。言語之間，使漢武帝覺得他極為忠誠。上官桀不僅沒有被殺頭，反而受到重

用，累官至騎都尉。可見說話能言善辯，語中要害最關鍵，在危急時刻不僅能扭轉形勢，還能保住自己的一條性命。

看來一個人的語言能力對於人類社會的發展和進步有舉足輕重的作用。早在春秋戰國時期，中國古代的思想家、教育家孔子已將語言表達提高到一個十分重要的地位：「一言可以興邦，一言可以喪邦。」德國詩人海涅（Christian Johann Heinrich Heine）也曾經說過：「言語之力，大到可以從墳墓喚醒死人，可以把生者活埋，把侏儒變成巨人，把巨人徹底打垮。」21 世紀是一個競爭激烈的時代，社會的發展是高度的發展經濟資訊社會。由於世界科學技術的不斷發展，時代對於人才的需要也在不斷發生變化。在現代化的資訊社會裡，時代對於人才的基本要求就是要具有較強的語言表達能力。

美國加利福尼亞州的大亨喬治，資產逾 10 億美元。某年他與商業夥伴大衛從加州飛往中國某大城市，準備投資建廠，尋找合作夥伴。三天後，喬治坐到了談判桌前，談判對象是某一大型企業的老闆。這位老闆精明能幹，通曉市場行情，令喬治頗為欣賞。聽了這位領導對合資企業的宏偉設想後，喬治感到似乎已看到了合資企業的光輝前景。正準備簽約時，忽聽這位老闆又頗為自豪道：「我們企業擁有 2,000 多名職工，去年共創 700 多萬元，實力絕對雄厚……」

　　聽到這，喬治暗暗掐指一算：2,000 多人一年才賺這些錢？而且這位老闆居然還十分自豪和滿意。這令喬治非常失望，離自己預定的利潤目標差距太大了！如果讓他經營的話，很難有較高的經濟效益和利益的；於是決定立即終止合作談判。

　　試想一下，如果那位老闆不說最後那句沾沾自喜的話，談判也許會以另一種結局而告終。最後那些畫蛇添足的話，不僅暴露出他自身弱點，而且令外商失去了合作的信心，最終撤回投資意向。

　　現代化的宏偉事業，需要越來越多的優秀人才具備適應市場經濟的交際能力。因此未來的事業對人才有一個共同的要求就是要善於說話。「能言善辯」的語言表達能力是增強競爭能力的重要工具。各個領域人士的交往越來越頻繁，語言交際的地位越來越重要。語言交流作為社會交際的最基本最便捷的工具日益受到重視。這是誰也回避不了的事實。「從某種程度上來說，它比寫更實際、更為人們迫切需要。」我們要有出色的語言組織能力，善於歸結自己的觀點，凡事語中要害，在開口之前，先想一下，把多餘的廢話刪掉，一開口就往點上說，才能在激烈的社會競爭中立於不敗之地。

第 6 章　換個方法做人，換個手段做事

以德報怨是一種大度

英雄之所以是英雄，不僅在於他的勇猛或膽識過人，更在於他的肚量和策略不凡，他不與小人一般見識，不逞一時之氣。

山中之王老虎要出遠門，臨行之前，它把猴子叫來，說：「我出門在外的時候，山上的一切就交給你來掌管吧！」

猴子平時在山上遊蕩慣了，到處攀爬，和其他猴子一起嬉戲，一時要做代理大王還真不適應。這隻平凡的猴子開始想辦法，揣摩威風凜凜老虎的心理，模仿牠的神態和舉止，提高嗓門，盡量讓自己顯得威嚴莊重。猴子真的很聰明，不久真的像大王了，因此以前一起玩耍的猴子都對牠敬重有加，甚至誠惶誠恐。牠自己也特別滿意，感慨說：「做大王真過癮！」

過了一段時間，老虎回來了。猴子又開始苦悶起來，自己畢竟還是猴子，可是怎麼努力也難以恢復到以前。同類開始討厭牠，因為牠還是一副大王的架子，甚至對牠們頤指氣使。

猴子痛苦地對同伴說：「你們為什麼就不能對我尊敬些呢！畢竟我也是做過大王的！只是恢復到平常太難了，我看，你們是不可能理解的！」

「多栽桃李少栽刺」，這是在勸誡我們，多做對人有益的事情，廣結善緣，不要做惡，也不要去得罪人。

逞一時之快，為了打擊報復又不擇手段，終會讓自己付出沉重代價。想要傷害別人的人，最終只能傷害自己。希望透過

188

以德報怨是一種大度

給別人製造不愉快來讓自己得到安慰總是無法如願，倒不如退一步，有時候以德報怨反而會得到預想不到的結果。

生活中，恩將仇報的人是屢見不鮮的，以德報怨的人卻並不多見。但只有這麼寬容和豁達的人，才能享受人生的最高境界。

在以德報怨交友上有所心得的人說，現實生活中，哪有那麼多的殺父之仇奪妻之恨滅子之怨，有點怨，大不了是一些衝突，一些磨擦，遇到別人在氣頭上，自己笑一笑，也就過去了，遇到那出言不遜出手傷人的人，自己忍一忍，也就可以過去了。

大凡為人者，施人以物，人思以財還；施人以財，人思以情還；施人以情，人思麼恩還；施人以恩，人思以命還。

人施我以怨，我以德還而非惡還，就斷了怨怨相報的後路！所以說，以怨報怨怨難報，以德報怨怨易消。

冤冤相報何時了？如果一咪想著報復敵人，其結果只能是兩敗俱傷。反之，如果以德報怨，就能使敵人成為你的朋友，成為你可以依靠的一座靠山。

淮陰侯韓信年輕時家裡很窮，由於沒有正當職業，他便到處遊蕩。手頭拮据，為了充飢他只得沿街討飯。

有一次，飢餓難忍的韓信來到縣城的護城河邊釣魚。旁邊有幾個洗衣服的老年婦女。有一個老婦見韓信幾天沒有吃飯，高大的身材都快支撐不住了。她很可憐韓信，連著幾天帶飯食

來給韓信。韓信感謝老婦，說：「我以後一定要報答妳！」老婦人生氣地說：「我可憐你幾天沒吃到一頓飯，哪裡指望你的報答？但願你成為一個有用的男子漢吧！」

韓信聽了老婦人的話，心裡很不是滋味。他向城裡的街上走去。忽然有人高聲喊道：「韓信，站住，不許過去！」

韓信一看，前面有一群人在街上聊天，其中有一個神態驕橫的少年，翹著腿，伸手擋住韓信的去路。韓信不想理他，那少年竟更加狂妄，指著韓信背上的寶劍說：「別看你身軀高大，帶著寶劍，其實是個膽小鬼，沒有什麼出息！」這時，好多人已經圍上來看熱鬧。只聽那少年說：「韓信，你要有膽量就用劍刺死我；如果不敢刺我，就只許從我兩腿之間鑽過去！」說完，又把腿叉開，擺出架勢。眾人出於好奇，一齊盯著韓信。韓信站了好久，緩緩俯下身子，小心翼翼從那少年胯下鑽了過去，他這狼狽不堪的樣子，頓時引起了眾人的喧鬧和譏笑。

10年過去了，韓信參加了推翻秦朝的農民起義，先在項羽手下，後在劉邦部下任將軍。他被劉邦重用之後，統兵百萬，屢戰屢勝。劉邦平定天下之後，論定韓信軍功最大，封為楚王。楚王韓信於是又回到了當年流浪受辱的故鄉，打探當年老婦人及侮辱他的那個少年的下落。當地百姓聽說，紛紛議論道：那位老婦人該富貴了，那位少年的末日到來了。

韓信終於找到了老婦人和那個少年，還召來了附近的鄉親。他賜給老婦人千兩黃金，讓她安享晚年。輪到那個曾經侮

以德報怨是一種大度

辱過韓信的人了。只見那人已經成為一個身強力壯的成年人，膽怯跪在韓信面前。

韓信指著那個男子對左右說：「這是一個壯士。當年侮辱我時，我當然能夠殺死他。但殺死一個無知的少年又有什麼用呢？因此我一直忍了下來。今天，我任命他為中尉，掌管捕捉盜賊的事情。」

出人意料的決定，使那位男子不敢相信自己的耳朵，也引起了百姓的驚奇和讚嘆。而韓信的部下也更加信賴和效忠他們的主人了。

不計前仇，以德報怨。韓信表現了一個有氣度、有機謀的大將的胸懷。由此，人們也就不難理解，為什麼韓信能駕馭千軍萬馬，成為足智多謀的常勝將軍了。

以德報怨，可謂是交友之中的重要一環。能以德報怨者．應該是修養到一定境界，識修到一定境界的脫俗者，是賢人，是聖人。

能以德報怨者，有可以天下為友之度，有開恩之智，有恕惡之心，有容陋之念！於是乎，天下者，皆可與其為友。

以德報怨，是解決仇怨紛爭的有效招法。別人對我以惡，我對別人以善，其惡也就無從為惡。

通常情況下，以德報怨一次，就會得一個朋友，以德報怨十次，就會得到十個朋友。

以德報怨是一種大度，屬於大肚能容天下難容之事的那

種。以德報怨是一種氣概，屬於豪氣敢於傲視天下之邪的那種。以德報怨是一種精神，它要我們超越自己的偏見；以德報怨是一種態度，它培育我們的博大胸懷；以德報怨是一種境界，它意味我們有可能戰勝自己的弱點；以德報怨是一種理想，它召喚我們走向崇高。

送禮要送到心坎裡

　　中國唐代有個大臣，他派一個叫緬伯高的人去給皇帝送禮，禮物是一隻天鵝。這位老兄途經沔陽時想給天鵝洗個澡，哪知一個沒抓住讓天鵝給飛跑了，只抓掉了一根鵝翎。送給天子的「貢品」弄丟了，豈不該有殺頭的罪過，嚇得他嚎啕大哭，越哭越傷心，傷心之後，卻想出了首打油詩：「將貢唐朝，山高路遙，沔陽湖失去天鵝，倒地哭號號，上覆唐天子，可饒緬伯高，禮輕情意重，千里送鵝毛。」據說，他後來真把鵝毛連並這首打油詩一起送給了皇帝，皇上被這個故事感動了，不但沒殺他，還拿美酒款待了這人。這就便是「千里送鵝毛，禮輕情意重」的來歷了。

　　中華民族向來是禮儀之邦，「禮」文化源遠流長。即使在今天，禮尚往來，也是人際交往的重要內容，在或多或少的禮物中，我們既可以體會到人情的溫馨，又可以享受友好往來的歡樂。但是有時也會因為方法不當，時機不對，禮品不妥而事

與願違，反而人情未結，芥蒂又生，真是賠了夫人又折兵。

送禮給對你來說有直接利害關係的人，怎麼個送法，或什麼時候送去，這裡面大有學問。婚喪嫁娶、酬賓謝客、逢年過節、交友結誼都需要送點禮物，目的在於聯絡感情。那麼，送禮和行賄的界限又是什麼呢？簡而言之，若以送禮為名而行法律所不允許之事便是行賄。

送禮作為一種文化現象，自有其特定規律，不能隨心所欲，盲目地去做。它反映出送禮者的文化教養、交際水準，甚至藝術氣質，同時反映出送禮人對受禮人的了解程度和關係遠近。所以從某種意義上講，送禮是一門人人都需掌握的特殊藝術。

禮品價值高低，取決於雙方的地位和關係好壞。受到別人的照顧或恩惠時，必定為了表達謝意而送禮。然而，送禮卻給許多人造成不少的困擾。有位朋友非常喜歡幫助別人，但卻對那些受惠者送來的禮物深感尷尬，因為許多人的家庭並不富裕的人，卻送來非常昂貴的禮品，自己只是舉手之勞，常覺得受之有愧，他常常嘆息地說：「其實可以不用勉強如此大禮。」送禮是表達心意的一種形式。禮不在多，達意則靈；禮不在重，傳情則行。雙方都不要著重禮物本身的物質價值，而應視收到的是一份濃厚的情意。

禮物是一種友情的表示，早就有「投之以桃，報之以李」的習俗。朋友之間或出遠門旅遊捎回一點當地特產，或年節佳

第 6 章　換個方法做人，換個手段做事

辰，個人喜慶，贈送一點敬賀禮品，表現彼此間的一番情誼是有必要的，這是一種誠摯的感情交流，是發自內心的贈予。

禮物是感情的傳遞物，是傳送友誼的媒介。所以，我們在選擇禮品時，應根據自己的感情和心理來挑選禮物，也就是說要千方百計將自己的情感心理透過特定的禮品表現出來，讓對方在接受禮品時，能感受到你的一片深情厚意，即以物見情，以情感人。

只有做到這點，才能使你的送禮行為友好。為生病住院的朋友送去一束美麗的鮮花，定會使他心情愉快，增強戰勝疾病的信心；為遠方同學送去一幀昔日同窗好友相聚的照片，會喚起他學生時代的美好回憶；為愛好文學的朋友送去一套他現在手上還沒有的文學名著，會使他欣喜若狂，愛不釋手；為心上人送去一條美麗且精緻的紗巾、漂亮的領帶，會使對方感受到一份深深的情意。

有一家水果店由於市場的因素，老闆慘澹經營，仍然舉步維艱，顧客越來越少。老闆不甘心從此就倒閉破產，怎樣才能從購買力降低而且日益挑剔的顧客中吸引更多的人呢？經過一番苦思冥想，他想到一個絕好的方法。老闆命人去蘋果產地預先訂購一批蘋果，再從客戶名錄中挑選出大約 200 名訂貨數量較大的客戶，在蘋果成熟以前用標籤寫上客戶的名字和祝福語貼在蘋果上，當蘋果完全變紅之後，揭下標籤紙，蘋果上就留下了客戶的名字和對客戶祝福的印記，然後隨貨送給客戶。結

果幾乎所有的客戶都對這種蘋果感到驚訝並受到感動，因為客戶們認為商店真正把他們奉為上帝並且放在了心上。

很快，當周圍幾家水果店終於無力支撐倒閉之後，這家水果店的水果銷量大增，顧客盈門。

送給每個客戶一兩個本地產的蘋果，實際上花不了多少錢。但客戶接到這份禮物都十分感激，其效果不亞於又送了一箱水果，因為這一兩個頗富人情味的蘋果，使客戶記住了這家水果店。每當水果上市的時候，差不多就是他們同水果店訂貨的時候。

千萬不要小看這一兩個小小的溫情蘋果，它代表一種關懷和溫暖，是一種對人的尊重。客戶並不需要這幾個蘋果，但是他們能夠從這幾個蘋果中感受到對自己的一種尊重，當有生意的時候，自然會對這家水果店照顧有加。

禮物雖小，但它代表的含義卻很豐富，遠遠超越了禮物本身。

李安國是一家醫療器械公司的業務員，他到一家公司去洽談業務，結果去了好幾次，禮物也沒少送，可都沒有達到預想的效果。

後來朋友給他出主意，說劉總什麼東西沒有見過，送他一般的東西根本起不了作用，要送禮就一定要送到他的心坎裡。

李安國就動起了腦筋，他經過多方打聽，了解到劉總有一個愛好，就是釣魚，沒事就要找個地方去釣魚。

李安國頓時有了主意，他花大價錢買了一根高級釣竿，在拜訪劉總的時候送給了他，卻絲毫沒有提辦事的話題。劉總見到這麼漂亮的釣竿，果然十分高興，拿在手裡把玩。

　　後來李安國每次去見劉總都帶些小禮物，有時候是一根上好的釣線，有時候是一枚精緻的魚浮，總之都是和釣魚有關的小玩意。這些小禮品讓喜好釣魚的劉總愛不釋手。有一天，竟然主動問李安國有什麼需要他幫忙的地方。憑藉不起眼的小禮品，李安國順利拿下了這一個大客戶。

　　李安國送的禮品貴重嗎？一點不貴重。但是為什麼就能夠打動劉總的心呢？這就在於李安國仔細捉摸了劉總的心思。禮物雖小，但是送得巧妙，打動了別人的心，那麼心意到了，也就是順理成章的事了。

　　制人要巧，巧在制不可制之人。雖然說意志堅定的人很難受制於人，但天底下卻有一種方法可以最有效制其人攻其心，這就是滿足心理需要。就禮物本身而言，它的價值不一定以值多少錢來衡量，而是由禮物本身的意義來表現的。如在選擇禮品時，從思想性、藝術性、趣味性、紀念性等方面下點功夫，做到別出心裁的效果肯定是好的。

　　所以送禮時摸透對方的心理很重要。只有摸透了對方的心理，才能夠用最小的代價取得最好的效果，達到送禮的作用。

　　花點心思將禮物送到別人的心裡去，是送禮的最高境界。在送禮時想點巧妙的辦法，將會使你順利送出禮物，達成心願。

動之以情，曉之以理

　　以理服人就是講道理，讓人從你講的道理中領悟到其正確性，從而接受你的意見，按照你的意見行事。需要注意的是勸導說理要對準要害，出言有據，事實確鑿，對方的觀點就會不攻自破。

　　曉之以理，就是講道理。簡單的事情，一兩個典型事例，再加上簡明扼要的分析，道理就可以講清楚。複雜的事情，涉及多方面的因素，觸動一點就牽動全域，必須全方位進行一系列的說服工作，從多方面展開心理攻勢，並以嚴密的邏輯推理，如水到渠成地得出結論。這個結論不宜由自己單方面推斷出來交給對方，最好以徵詢意見的口氣引導對方和你一起推理，共同探討得出結論。讓他把你的意見，當作自己尋求的答案，自願接受，這樣的說服更高明。因為對於經過自己頭腦思考發現的真理，人們更堅信不疑。曉之以理，要滿懷信心，爭取主動，先取攻勢。當對方已明確表示「不同意」之後，再說服他，就要付出加倍的努力。當然爭取主動仍要運用委婉的語氣，切忌盛氣凌人。如對方因此而產生逆反心理，再說服他，同樣也要付出加倍的努力。

　　曉之以理，還要結合動之以情，通情才能達理。有時講大道理，對方並非對道理本身不接受，而是與講道理的人感情上合不來。這時講道理的人要善於聯絡感情，要注意反省自己有

無令對方反感的地方，及時克服和糾正。尤其當對方抵觸反感情緒較大時，首先要以誠相待，要在理解的原則基礎上，再講道理。牧師布道宣傳的是唯心主義的宗教，但因以情動人，往往能在催人淚下的同時，不露痕跡地對聽眾施加思想影響，使人不知不覺地接受其教義。這就是情感的力量。對於形象思維強於邏輯思維的青少年兒童，對於多數平日沒有深刻的理論思維習慣的人，運用其自身或熟人的經驗教訓，再加上感情色彩濃厚的語言，去進行繪聲繪色訴說，令人感到親切可信，引發情感上的共鳴，從而為接受道理掃清了障礙，鋪平了道路。

所謂「衡之以利」就是權衡利弊得失，講清利害關係。那些理難服他，情也難動他的人，唯有「衡之以利」是切實有效的一招。且不論對國家、對社會的利害如何，只從個人實在的得失考慮，他也應趨利避害，接受你的說服為上策。那些明事理、重情義的人，並不過分講究實際利益。但你仍應設身處考慮對方的切身利害、實際困難。在此基礎上進行說服，才稱得上是真正的通情達理，也更令人心悅誠服。人生在世，要求得以生存與發展，必然有各種的需要，如果絲毫不考慮對方的合理需要，雙方交談就沒有共同的語言，說服就無從談起了。如果看准了對方的需求，說服就能確有成效。

市長到一家紡織業工廠裡，他笑著說：「老闆，我冒昧來訪，歡迎嗎？」這位老板正為事發愁，便發起牢騷來：「陳市

長，今天工會又來要我廢除『抄身制』。不當家不知柴火貴。工人下班有抄身員搜身，還經常丟紗呢，如果取消抄身制度，紗廠不被偷光才怪呢！」

陳毅品了口茶，不緊不慢地說：「要說管理工廠，我要拜你為師。因我只當過工人，沒有經營過工廠；要說管理工人，教育工人，你要向我學習。在這方面我可以給你當參謀，你要我這參謀嗎？」

經理連聲說：「要！要！請您快說。」

「我在法國當過工人。那間工廠很大，老闆也比你厲害得多。廠子四周築起高牆，拉上電網，還僱了一大幫帶槍的警察，對每個下班的工人，從頭搜到腳，身上硬是連一根釘也藏不住。但結果呢？原料、零件還是大量丟失，為什麼呢？老闆把工人只當成會說話的工具，工作辛苦，工資很少，工人實在無法養家糊口，工廠賺了錢對工人毫無好處，他們為什麼不拿呢？所以依我之見，你應該在紡織業帶頭，用我的辦法試試看，廢除抄身制，關心工人利益，待工人如朋友，有困難多與他們商量，我相信眼前的困難會克服的。」

經理聽了連連點頭：「是有些道理。」第二天，他就主動找工會研究，決定廢除抄身制。

一番話，使資本家奉若神明的「抄身制」取消了，足見勸說有術，言之有力，這正是以理攻心的威力。

第 6 章　換個方法做人，換個手段做事

　　要說服別人，最大的障礙就是對方的「心理防線」。因此，設法動搖對方的心理防線，是說服對方的關鍵所在。那麼如何動搖對方的心理防線呢？除了要曉之以理，具有充實的內容外，更要動之以情，掌握一定的方法和技巧。

1. **在尊重對方的基礎上進行勸說**：人都有自尊心，都希望得到別人的尊重，即使是學生、孩子也希望得到老師、家長的認可。而一個人在受到別人尊敬時，心情會輕鬆愉快，在這種情況下勸說對方，往往會取得事半功倍的效果。

2. **強調與對方在某些方面的相似之處**：找出與對方彼此一致的共同點，便可產生「自己人」的效應，可以使互相產生信任感。在一些著名的演說家的演說詞中，常常出現這類詞句：「我們所想的」、「我們這種表現」等等。他們常以「我們」替代「我」這個詞，這樣在聽眾中就會達成一種共識：這是我們大家的，從而產生了一種共鳴。演說家的高明在於把自己融於聽眾之中，讓聽眾接納他，從而令聽眾成為被說服者。在我們的日常生活中，要想勸說成功，不妨也使用演說家這種慣用的說服技巧，挖掘自己與對方的相似因素，譬如文化背景方面、年齡方面、社會經歷方面、工作專業方面、思想感情方面、興趣愛好方面等等。

3. **以對方的立場為出發點**：考慮對方的立場，發掘對方的欲求、情感是說服的基本方法之一。想要說服別人，不妨設身處地地以對方的立場為出發點，找到對方的利害之所在，使被說服者意識到自己的觀點、做法將會帶來什麼樣的後果。這樣就能緊緊抓住對方的心，從而達到說服對方的目的。

勸說是一種常見的極有說服力的語言方式。在日常生活中，需要勸說的事情比比皆是。勸說之所以備受青睞，是因為它是用「情」打動對方。

第 6 章　換個方法做人，換個手段做事

第 7 章
改掉壞習慣，培養好習慣

　　一位哲人曾說：「你的習慣就是你的主人。」在
現實生活中，人與人之間的命運原本並沒有太大的區
別，真正的區別在於習慣。好習慣成就好人生。改變
壞習慣，對於任何人來說都是刻不容緩的。

第 7 章　改掉壞習慣，培養好習慣

習慣左右命運

　　一根矮柱子和一條細鏈子，竟能拴住一頭重達千斤的大象，這令人難以置信的現象在印度和泰國隨處可見。原來那些馴象人在大象很小的時候，就用一條鐵鍊把它綁在柱子上。由於小象的力量有限，無論它怎樣掙扎都無法擺脫鎖鏈的束縛。於是小象漸漸習慣不再掙扎，直到長成了龐然大物。雖然它此時可以輕而易舉地掙脫鏈子，但是依然選擇了放棄掙扎，因為在牠的慣性思維裡，鏈子是永遠不可能擺脫的。

　　小像是被鏈子綁住，而大象則是被看不見的習慣綁住。

　　還有一個相似的例子：

　　從前有一頭驢子，自小就在磨房裡拉磨，日復一日繞著石磨兜圈，十幾年如一日。有一天，終於老得再也拉不動石磨了。主人覺得牠勞苦功高，不忍心把牠殺掉，就決定放養到曠野之中，讓牠在綠草地裡自由自在地度過餘生。但這頭驢子從來就沒有享受過藍天白雲下的自在生活，牠已經失去了作為動物融入大自然的天生本領。在如此寬闊的天地中，這頭驢子唯一能做的就是在吃飽以後，繞著一棵樹不斷兜圈子，直到最後死在這棵樹下。

　　其實我們的習慣就像是植物一樣，幼苗很容易拔除，而隨著時間的推移，越是根深蒂固，越是難以根除。橡樹是如此巨大，就像是積久形成的習慣那樣令人生畏，讓人甚至怯於嘗試

習慣左右命運

改變它。還有值得一提的是，習慣與習慣之間也存在著不同，其中有些習慣更難以改變。不僅壞習慣如此，好習慣也不例外。也就是說，好習慣一旦養成了，它們也會像橡樹那樣，忠誠而牢固。習慣在這種由幼苗長成巨樹的過程中，被重複的次數越多，存在的時間也就越長，它們也就越難以改變。

有天，一位睿智的教師與他年輕的學生一起在樹林裡散步。教師突然停了下來，並仔細看著身邊的 4 株植物。第一株植物是一棵剛剛冒出土的幼苗；第二株植物已經算得上挺拔的小樹苗了，它的根牢牢盤踞在肥沃的土壤中；第三株植物已然枝葉茂盛，差不多與年輕學生一樣高大了；第四株植物是一棵巨大的橡樹，年輕學生幾乎看不到它的樹冠。

老師指著第一株植物對他的年輕學生說：「把它拔起來。」年輕學生用手指輕鬆拔出了幼苗。

「現在，拔出第二株植物。」

學生聽從老師的吩咐，略加力量，便將樹苗連根拔起。

「好了，現在，拔出第三株植物。」

學生用一隻手進行了嘗試，然後改用雙手全力以赴。最後樹木終於倒在了筋疲力盡的年輕學生的腳下。

「好的」，老教師接著說道，「去試一試那棵橡樹吧！」

年輕學生抬頭看了看眼前巨大的橡樹，想了想自己剛才拔那棵小得多的樹木時已然筋疲力盡，所以他拒絕了教師的提議，甚至沒有去做任何嘗試。

第7章 改掉壞習慣，培養好習慣

「我的孩子」，老師嘆了一口氣說道：「你的舉動恰恰告訴你，習慣對生活的影響是多麼巨大啊！」

習慣的力量就是這樣強大。習慣性思維也常常是人類發展的桎梏。

人類比原始動物的偉大之處在於我們是自覺的動物，可以有自知之明。當我們發現壞習慣是阻擋人生成功的阻攔後，應該不遺餘力清除它們；當我們發現我們正像驢子一樣在原地繞圈時，我們應該走向遠方的地平線，堅信那裡有不同的風景在等待著我們。

請在某個寧靜的夜晚坐下來，拿出一張白紙，一支筆，總結一下你生活中的成功和失敗，尋找一下成功和失敗的根本原因，把這些原因一條條寫下來，再把你生活中所有的習慣寫下來，看看哪些是好習慣，哪些是壞習慣。如果自己想不清楚，就把了解你的好朋友請過來，幫你一起分析。你的朋友比你更了解你，他們能一針見血指出你的優缺點。當你把成功的原因和好習慣列成一欄，把失敗的原因和壞習慣列成一欄以後，你會吃驚地發現，你的好習慣就是你成功的原因，而壞習慣也正是你失敗的原因。

如果說人是習慣的動物，而習慣又是我們的命運的話，那就讓我們先養成優秀的習慣，再讓優秀的習慣引導我們走向生命的輝煌吧。

好習慣為成功奠定良好的基石

有的人一生順利，有的人命運多舛；有的人事業輝煌，有的人碌碌無為；有的人屢敗屢戰，最終成功；有的人竭力奮爭，結果一事無成。人生的後面似乎有一隻神奇的手在指揮著每一個人。其實這只無形的手不是別的，正是人的習慣。

在《培根論人生》一書中，思想家培根（Francis Bacon）論述了習慣與命運的關係。他深刻指出：「人們的行動，多半取決於習慣。一切天性和諾言，都不如習慣有力，即使是人們賭咒、發誓、打包票，都沒有多大作用。」

1998 年 5 月，華盛頓大學有幸請來世界巨富華倫‧巴菲特（Warren Edward Buffett）和比爾蓋茲（Bill Gates）演講。當學生們問到「你們怎麼變得比上帝還富有」這一問題時，巴菲特說：「這個問題非常簡單，原因不在智商。為什麼聰明人會做一些阻礙自己發揮全部功效的事情呢？原因在於習慣。」比爾蓋茲對此也深表同感，他說：「我認為華倫關於習慣的話完全正確。」

兩位殊途同歸的好朋友道出了自己成功的訣竅：習慣決定成功。心理學博士也說：「習慣兩個字一直發揮作用：一個人習慣於懶惰，他就會無所事事到處溜達；一個人習慣於勤奮，他就會克服一切困難，做好每一件事情。」這也就是為什麼我們經常看到，成功的人們似乎永遠在成功，失敗的人們似乎永遠在失敗。

第 7 章　改掉壞習慣，培養好習慣

　　歷史上，眾多成功者的成功都離不開他們自身所具備的好習慣。

　　美國建國期間的偉人富蘭克林有一個習慣，每天晚上都要把一天的情形重新回想一遍，看看自己哪些方面不足。他曾為自己總結出 13 個很嚴重的錯誤，如浪費時間、為小事煩惱、和別人爭論衝突等。在富蘭克林看來，除非他能夠減少這一類的錯誤，否則就不可能有什麼成就。此後，他便一個禮拜選出一項缺點來進行「搏鬥」，然後把每一天的「搏鬥」結果做成紀錄；到了下個禮拜，他會另外再挑出一項缺點，去做另一場「搏鬥」。正是這一檢視自我並努力改正缺點的習慣，使富蘭克林取得了如此巨大的成功，成為美國歷史上最受人敬愛也最具影響力的人。

　　每個人都關心自己的命運，都希望在生活和事業中取得成功。你無需靠學歷，無需靠親朋好友，只需具備和養成了成功的好習慣，就可以掌握自己的命運，走上成功的坦途。

　　40 年前，前蘇聯宇航員加加林乘坐「東方」號太空船進入太空遨遊了 108 分鐘，成為世界上第一個進入太空的宇航員。這個榮譽不是每個人都能得到的，他能在 20 多名宇航員中脫穎而出，是一個良好的習慣成就了他。在確定人選時，20 個候選。人人實力相當，躍躍欲試。在演習之前，主設計師發現，在他們之中，只有加加林一個人是脫了鞋進入機艙的，其實脫

好習慣為成功奠定良好的基石

鞋進入機艙只是他心細的個人習慣，他怕弄髒機艙。主設計師看到有人對他付出心血和汗水的飛船這麼倍加愛護，當時非常感動，於是他當即決定讓加加林試飛。這個例子告訴我們，好習慣是多麼重要啊，它的力量是偉大的。

習慣是所有偉人們的奴僕，也是所有失敗者的幫兇。偉人之所以偉大，得益於習慣的鼎力相助；失敗者之所以失敗，習慣同樣責無旁貸。

一個動作，一種行為，多次重複後就能進入人的潛意識，變成習慣性動作。人的知識累積、才能增加、極限突破等等，都是行為不斷重複成為習慣性動作的結果。有些人過於在意那些優秀的強者表現出來的天賦，實際上，我們把那些表現歸納分析，就會發現實際上存在一個簡單的要點：那就是習慣。在我們身上，好習慣與壞習慣並存，我們要改變自己的命運。走向成功最重要在於丟掉壞習慣，培養和憑藉好習慣的力量去搏擊風浪。

俄國教育家烏申斯基說：「良好的習慣乃是人在神經系統中存放的道德資本，這個資本在不斷增值，而人在其整個一生中就享受著它的利息。」

事實上，正是好習慣，決定了每個人可以更為充分開發自己，充分發揮自己的優勢，從而為成功奠定良好的基石。

壞習慣是成功的絆腳石

　　壞習慣是害群之馬，是成功的絆腳石。很多成功的人並不一定比別人更聰明、更有天分，但他們一定比別人更勤奮。正是因為他們有了良好的習慣，他們才能不斷獲得更多的知識，變得更有毅力，更執著於夢想和目標；失敗的人並不一定比別人愚蠢，但是他們往往優柔寡斷、不思進取，缺少信心和毅力，正是因為壞習慣，阻礙了他們邁向成功和幸福的進步。

　　事物總是一分為二，凡事都有其兩面性。習慣也是一樣，有正面就有負面。正面的是好習慣，有助於我們的成功；而負面的壞習慣，則會導致我們的失敗。好習慣是步入成功的基石，而壞習慣是阻礙成功的惡魔。

　　有一家外資企業招工，對學歷、身高、相貌的要求都很高，但薪水待遇在同行業很有競爭力，所以有許多人才都來應聘。

　　有幾個年輕人，過五關斬六將，到了最後一關：老闆面試。這幾個年輕人想，這很簡單，只不過走過場罷了，一定十拿九穩了。一見面，老闆卻說：「很抱歉，我有點急事，要出去 10 分鐘，你們能不能等我？」幾個年輕人說：「沒問題。」等到老闆走了，幾個年輕人一個個躊躇滿志，得意非凡，閒不住便圍著老闆的辦公桌看，只見上面文件，年輕人你看這一個，我看那一個，看完了還交換。

壞習慣是成功的絆腳石

　　10 分鐘後，老闆回來了，說：「面試已經結束。」「沒有啊？我們還在等您啊。」老總說：「我不在的這一段時間，你們的表現就是面試，很遺憾，你們沒有一個人被錄取。因為本公司從來不錄取那些亂翻別人東西的人。」這幾個年輕人一聽，頓時都後悔莫及，他們困惑地說：「我們長這麼大，就從來沒有聽說過不能亂翻別人的東西。」

　　在我們的日常生活和社會生活中，因為這樣的壞習慣而毀掉自己前途的事情還有很多。習慣作為我們的終身伴侶，是最好的幫手，也可能成為我們最大的負擔；它會推著我們前進，也可以拖累我們直至失敗；它是所有偉人們的奴僕，也是所失敗者的幫兇。

　　我們常常會看到這樣一些人，他們總是對自己所處的環境不滿意，由此而產生了一系列苦惱。一個學生沒有考上理想的學校，心裡覺得十分自卑，天天想著，自己比不上別人。於是煩得要命，書也念不下。這樣一天天心不在焉混，成績越來越壞，幾乎要輟學了，心裡又緊張，這緊張加上以前的煩惱，使他更加懊惱不安。

　　同樣，也有人對自己目前的工作不滿意。認為職位低，賺錢少，比不上別人。心裡自卑，天天懶洋洋的，做什麼也打不起精神來。於是工作常常出錯，上司也不喜歡他，同事也覺得他沒出息。這樣，他就越來越孤獨，越來越被排擠，遠離快樂和成功。

第7章　改掉壞習慣，培養好習慣

其實，一個人對自己目前的環境不滿意，唯一的辦法就是讓自己戰勝這個環境。比如行路，當你不得不走過一段險阻狹窄的路段時，唯一的辦法就是打起精神，克服苦難，把這段路走過去，而絕不是停在途中抱怨，或索性坐在那裡打盹，聽天由命。

所以置身不如意環境的人們，不但不應消沉停頓，反而要拿出樂觀的精神來面對目前的環境，使時光不至白白浪費。

在不理想學校讀書的學生，你與其厭煩這所學校，懶得用功，怕見以前的同學，不如喜歡這學校，努力進取，你在這個學校一樣可以有好成績。或因學得好，再找機會考取好的學校。

那些對眼前工作不滿意的人也是一樣，每一位主管都喜歡提拔那些肯埋頭努力的人。假如你工作認真，升遷的機會就可能會輪到你，除非沒有機會。假使你自以為大材小用，成天懶散對工作敷衍了事，那麼即使有了機會，也不會輪到你頭上。

在此，我奉勸置身不如意環境中的朋友，停止抱怨，直面現實，把握機會充實自己。一個肯努力上進的人，在任何環境裡都不用自卑。換句話說，一個不肯積極進取、浪費光陰的人，本身就有壞習慣，別人不會因為你環境不順而原諒你的。同時，不要對自己目前的東西抱怨或不滿。它們可能是不好的，但既然沒有辦法可以弄到更好的，你就只好遷就你既有的一切，從中去發現出路和希望。不重視現在，就不會有可以期待的未來。

壞習慣是成功的絆腳石

　　習慣一旦形成，就極具穩定性，心理上的習慣左右著我們的思維方式，決定著我們的待人接物；生理上的習慣左右著我們的行為方式，決定著我們的生活起居。日常的生活本身就是習慣的反覆應用，而一旦遇上突發事件，根深蒂固的習慣更是一馬當先衝到最前面。習慣是通往成功的最實際的保證，可是也會成為通向失敗的最直接的通道。一定要養成良好的習慣，摒棄那些要形成的壞習慣，改正那些已經形成的不良習慣。

　　故態復萌是習慣改變的最主要障礙，80％的試圖改變壞習慣的人會在 90 天內復發，不論是什麼習慣──包括抽煙、酗酒、賭博、貪食、不可抑制的購買欲或過度工作。

　　心理學家曾把復萌歸於人們不能抵抗習慣所產：生理的心理上的渴求。這種渴求在最初幾天或幾週確實是很難抵禦。但是許多人卻是在最困難時刻已經過去後復發。

　　為什麼功虧一簣？心理學家只得另找原因。他們發現生理上需求及自我克制缺乏一個原因，「但更重要的是內感情上的苦惱」所致。心理學家普羅克斯卡認為，80％的人是在他們感到煩惱或孤獨時恢復壞習慣的。壞習慣並不是無法改變的，只要你高度重視它，持之以恆地摒棄它，用新習慣（同樣使你感到滿足的）來代替它，就沒有不能改變的。這似乎十分困難，但下面具體方法有助於你的成功：

第 7 章 改掉壞習慣，培養好習慣

* **以新代舊**：在改變壞習慣的過程中，雖然戒掉習慣了，但在一段時間內情感需求卻並未告終，因此用一種新習慣來代替原來習慣所產生的滿足感是必要的，如體育活動、跳舞。要在事前培養新習慣而不能等到渴望襲來時再培養。同時注意，習慣在什麼場合會出現，就在同樣場合採用新習慣，例如抽煙時使你的手中有物在握，則在煙癮來時可以以編織或樂器取代。

* **避開誘因**：如果你總在喝咖啡時吸煙，就改為喝茶或喝其他軟飲料；如果午間休息引起你購物欲，則在這時安排體育活動；如果因為與某些朋友在一起就要飲酒，就改變交往對象。

* **目標適中**：不要把目標定得太遠，例如改變花錢大手大腳的習慣就可以買一輛新汽車，這目標定得太大而難以實現。不如先定小目標，再逐步擴大。

* **求得支持**：許多戒除不良習慣的人都體會到，別人的支持對自己來說十分重要，是防止復發的有效手段。這種支持可以來自家庭、朋友和志同道合的同事。先向他們談你戒除壞習慣的計畫，請他們監督你。當誘惑到來時，他們就會幫助你克服困難。

* **自我獎勵**：在改變過程中，每有一次進步或突破 —— 如戒煙已一週，便可以自我獎勵一下，比如買一些自己喜歡的東西。這是增加動力的好方法，它將贏得下一次的成功。

* **不找藉口**：「我只是晚了一分鐘」「這支煙是抽著玩」，諸如此類的藉口，其實都是故態復萌的先兆，應當控制自己的意志，防止半途而廢。

當一個個壞習慣被好習慣逐個取代時，你就會變得越來越善於改變自己的習慣，並擁有很多好習慣。你距離成功，距離美好的生活也就越來越近了。那麼，改變習慣，從現在開始，不要再拖延。

學會自立，不依賴別人

有一位學術界知名的學者曾告誡青年學生們說：「如果你過分依賴別人，那你就會很容易上當，因為你不能辨別人的話究竟是對的還是不對的，而你對別人的動機也就茫然不知。」成大事者的身上具有許多種優良品格 —— 勇敢、創新，當然獨立也是這些品格中不可缺少之一。如果一個依賴於他人的人也會獲得成功的話，恐怕歷史上就不會有很多民族為獨立而戰了。有些年輕人生活在優越的環境裡，父母的溺愛使他們失去了獨立的機會，養成了依賴別人的習慣。他們在父母的羽翼下可以安然無恙生活，感受不到外界的任何干擾，但是一旦走出家庭，面對社會，他們的缺陷就會暴露無疑，面對競爭激烈的社會，他們能否生存得下去，真是令人擔憂。

第 7 章　改掉壞習慣，培養好習慣

　　孫明輝是一名優秀的學生，從小學到高中畢業，學習成績一直名列前茅。然而就是這樣的資優生，對生活一竅不通。從進小學到中學畢業的 12 年，由於他學習成績好，深得學校老師們的稱讚和父母的厚愛。父母為了使他集中精力讀書，家中什麼事都不讓他做，做飯、洗碗、洗衣服等事，從不讓他學，甚至連他的床鋪也是父母替他收拾的。每次吃飯都是母親把飯端到他跟前。真可謂飯來張口，衣來伸手。因此到他十八歲時，和他同歲的孩子，什麼事都會做，而他卻連疊被子、洗碗的基本都不知道。孫明輝以第一名的優異成績，考入了清華大學。這一振奮人心的喜訊，給家裡帶來前所未有的歡樂，親戚朋友都投以羨慕的目光，稱讚他聰明。同年夏天，孫明輝以無比興奮的心情，來到了令人嚮往的清華大學，實現了成為一名大學生的理想。然而，當他開始大學生活沒多久，由於他沒有基本的生活能力，自己不會買飯，不會洗衣服，不能獨立生活，感到十分苦惱，儘管同學們也給了他應有的幫助，但還是解決不了他的實際生活問題。在這種情況下，他只好向校方申請休學。學校根據他入學後的實際情況，批准了他的申請。第二年開學時，學校給他寄去了復學通知書。但誰也沒有料到，接到復學通知書的孫明輝，居然因懼怕離開父母後自己不能獨立生活而悲觀厭世，在這種想法驅使下，他縱身從高樓跳了下去，過早結束了自己的生命。

學會自立，不依賴別人

　　社會是充滿競爭的地方。如果你要做一個成功的人，那就應該是個自立自強的人，首先你就應該學會對自己負責。當你陷入困境、遭遇孤獨的時候，如果僅僅抱怨社會冷漠，別人自私是不行的。這只說明你對外界的依賴性太強，你太脆弱。依靠別人來解決你的問題當然容易多了，無論發生任何事，有個人可以商量總能讓人覺得內心安定些。如果再進一步，別人願意承擔起完全的責任，自己更是完全鬆懈下來，表面上輕鬆了，但結果成了一個無法獨立的弱者。依賴別人就意味著命運掌握在別人手中。沒有獨立做前提，成功也許只是個假設。自立自強是成功者的必備條件，歷史既然如此證明，現實生活也是這樣。獨立習慣的養成，對一個人的事業、未來、人生都有莫大的好處，所以若想成就事業，就要學會自立。

　　所以，當我們遭遇逆境的時候，我們首先應該學會依靠自己。這並不是教你在社會上打腫臉充胖子，更不是教你萬事不求人，而是想告訴你，在這個世界上每個人都在忙自己的事，每個人都有自己的麻煩，求人不如求己。

守住「勤」字，忌掉「懶」字

　　古訓曰：勤者可成事，惰者可敗事。一個人要想成就一番事業，一定要守住「勤」字，忌掉「懶」字。

　　古時有位姓王的青年，是個大戶人家的子弟，從小就喜愛道術，他聽人說嶗山上有很多得道的仙人，就前去學道。

　　王生在清幽靜寂的廟宇中，只見一位老道正在蒲團上打坐，只見這位老道滿頭白髮垂掛到衣領處，精神清爽豪邁，氣度不凡。王生連忙上前磕頭行禮，並且和他交談起來。交談中，王生覺得老道講的道理深奧奇妙，便一定要拜他為師。道士說：「只怕你嬌生慣養，性情懶惰，不能吃苦。」王生連忙說：「我能吃苦。」老道便把他留在了廟中。第二天，王生在師父的吩咐下隨眾人上山砍柴。

　　這樣過了一個多月，王生的手和腳都磨出了厚繭，他忍受不了。這種艱苦的生活，暗暗產生了回家的念頭。

　　又過了一個月後，王生吃不消了，可是老道還不向他傳授任何道術。他等不下去了，便去向老道告辭說：「弟子從好幾百里的地方首來投拜您，不指望學到什麼長生不老的仙術，但能不能傳些一般的技術給我嗎？現在已經過去兩三個月了，每天不過是早出晚歸在山裡砍柴，我在家裡，從來沒吃過這樣的苦。」老道聽了大笑說：「我開始就說你不能吃苦，現在果然如此，明天早上就送你走。」

守住「勤」字，忌掉「懶」字

　　王生聽老道這樣說，只好懇求說，「弟子在這裡辛苦這麼多天，只要師父教我一些小技術也不枉我此行了。」老道問：「你想學什麼技術呢，」王生說：「平時常見師父不論走到哪，牆壁都不能阻隔，如果能學到這個法術就滿足了。」

　　老道笑著答應了他，並領他來到一面牆前，向他傳授了祕訣，然後讓他自己念完祕訣後，喊聲「進去」，就可以進去了。王生對著牆壁，不敢走過去。老道說：「試試看。」王生只好慢慢走過去，到牆壁時披擋住了。

　　老道指點說：「要低頭猛衝過去，不要猶豫。」當他照老道的話猛向前衝，真的不受阻礙，眨眼已在牆外了。王生高興極了，又穿牆而回，向老道致謝，老道告誡他說：「回去以後，要好好修身養性，否則法術就不靈驗了。」說完，就讓他回去了。

　　王生回到家中自得不已，說自己可以穿越厚硬的牆壁而暢通無阻。他妻子不相信。於是王生按照在老道處學的方法，離開牆壁數尺，低頭猛衝過去，結果一頭撞在牆壁上，立即撲倒在地。

　　生性懶惰，卻還想得道成仙，這無疑是異想天開。懶惰不改，要想獲得成功，必定會碰壁的。如果說王生的遭遇是一個懶惰者的遭遇，那麼王生所得的教訓就是所有懶惰者的教訓了。

　　沒有一個人的才華是與生俱來的。在成功的道路上，除了勤奮，是沒有任何捷徑可走的，在每個成功者的身上，他們都有著勤勞的習慣。

第 7 章　改掉壞習慣，培養好習慣

古語云：「天道酬勤」，告誡人們：只要人像天那樣「自強不息」，勤勞日作，天會予以獎勵的。這種只酬勤不酬惰的法則，千古不變。

許多偉大成就的人，他們是平凡的。然而，正是他們透過自己的不斷努力，使自己成為了一個不平凡的人。

富蘭克林能從一個窮困潦倒的小學徒躋身到世界一代偉人的位置，靠得就是他的勤勉。對於勤勉還有過一段話：

「勤勞就是財富。誰能珍惜點滴的時間，就像一顆顆種子不斷從大地母親那兒吸取營養那樣，點滴累積，誰就能成就大業，鑄造輝煌。」

富蘭克林在《窮理查曆書》中說：

「個人的奮發向上和勤勞，是取得傑出成就所必需的；任何一種傑出成就都必然與好逸惡勞的懶惰品行無緣。正是辛勤的雙手和大腦才使得人們富裕起來 —— 在自我教養、在智慧的成長、在商業的興旺等方面……事實上，任何事業追求中的優秀成就都只能透過實做才能取得……同樣完全正確的是，富裕和閒適對一個要達到最高教養的人來說是毫無必要的東西，而且那些出身於社會底層的人們在任何時候都從未給這個世界增添任何沉重的負擔。安逸閒適的奢侈浮華的生活狀態無法把人訓練成艱苦奮鬥的人，或者是敢於直面艱難的人；也不會促使人們認識努力行動在生活中所煥發出來的巨大力量。」

守住「勤」字，忌掉「懶」字

富蘭克林自小就養成了勤奮的優良習慣。早在孩提時代，他就勤奮讀書，甚至把零花錢都用在了買書上。富蘭克林從《天路歷程》中得到了樂趣，因此他一開始收集的就是單獨出版的小冊子。後來他又賣了這些單行本，而買了伯頓的有關歷史方面的文集。父親的藏書室裡的書主要是有關宗教辯論方面的，大多數他都閱讀過了，當時有一本《名人傳》，對富蘭克林日後的生活影響很大。他得到這本書後，擠出所有可以玩耍的時間來，反覆閱讀，愛不釋手。

富蘭克林用自己的行動和巨大成就實踐了他自己的諾言：「勤勞就是財富。誰能珍惜點滴時間，就像一顆顆種子不斷從大地母親那兒吸取營養那樣，點滴累積，誰就能成就大業，鑄造輝煌。」

愛因斯坦說：「在天才與勤奮之間，我毫不遲疑選擇勤奮，她幾乎是世界上一切成就的催產婆。」事實上，一個勤奮的人，他能夠取得的成就必然比其他人要多。

你用什麼樣的態度來付出，就會有相應的成就回報你。如果以勤付出，回報你的，也必將是豐厚的。所以某種意義上講「成事在勤」實不為過。

南宋的思想家和教育家朱熹，是個從小就立志成為孔子這樣的人。在他讀書時，一天上午，老師有事外出，沒有上課，學徒們高興極了，紛紛跑到院子裡的沙堆上遊戲、打鬧。這時

候，老師從外面回來了。他站在門口，望著這群天真活潑的孩子們「造反」的情景，搖搖頭。猛然他發現只有朱熹一個人沒有參加孩子們的打鬧，他正坐在沙堆旁，用手指聚精會神畫著什麼。先生慢慢走到朱熹身邊，發現他正畫著易經的八卦圖呢！從此，先生更對他另眼相看了。

朱熹這樣好學，很快成為博學的人。十歲的時候，他已經能夠讀懂《大學》、《中庸》、《論語》、《孟子》等儒家典籍了。孟子曾說：「人人都可以成為堯舜那樣的人。」當朱熹讀到這句話時，高興地跳了起來。他滿懷雄心說：「是呀，聖人有什麼神祕呢？只要努力，人人都能夠成為聖人啊！」

高高在上的聖人其實並非可望不可及。治學之路就如同登山，唯有攀登不輟，才能一步步靠近峰頂。「一覽群山小」的聖人們的成功其實亦是由勤奮的習慣得來的。

成就一番事業的人，一定要守住「勤」字，忌掉「懶」字，懶惰是人的本性之一，稍不留神就會流露出來。所以想成就一番事業要時刻提醒自己：「成事在勤，謀事忌惰。」

養成「笑對人生」的好習慣

很多人把「笑對人生，快樂生活」作為自己的座右銘。他們這種熱愛生活的態度，無不使他們的生活充滿生機與陽光。和任何一個快樂生活的人談話，他都會給你一種力量。

有這樣一個小故事：

有一個老先生得了病，全身痠痛萎靡不振。他吃了很多藥，也不管用。這天聽說來了一位著名的中醫，他就去看病。名醫望聞問切一番後，給他開了一張方子，讓老先生去按方抓藥。老先生來到藥鋪，給賣藥的師傅遞上方子。師傅接過一看，哈哈大笑說：「這方子是治婦科病的，名醫犯糊塗了吧？」老先生趕忙去找醫生，醫生卻出門了，說要一個多月才能回來。老先生只好拿著方子回家。回家路上，他想糊塗醫生開糊塗方，自己竟得了「月經失調」的婦女病，禁不住哈哈樂起來。這以後，每當想起這件事，老先生就忍不住要笑。他把這事說給家人和朋友，大家也都忍不住樂。一個月後，老先生去找醫生，笑呵呵告訴醫生方子開錯了。醫生此時笑著說，這是他故意開錯的。

老先生是肝氣鬱結，引起精神憂鬱及其他病症。而笑，則是他給老先生開的「特效方」。老先生這才恍然大悟 —— 這一個月，老先生光顧笑了，什麼藥也沒吃，身體卻好了。

我們忙碌生活在這個世上，每一天都承受著巨大的生存壓

第 7 章　改掉壞習慣，培養好習慣

力。我們要維持自身和家庭的生活水平不至於太低，我們要時時提防天災人禍的發生，我們面對著生老病死的困擾，我們要和形形色色的人打交道……如果我們不懂得調節自己，苦惱、憂愁、痛苦……這些不良的情緒就會嚴重地損害我們的身體和精神。就像人們常說的「愁一愁，白了頭。」而最好的自我調適方法，就是笑，就是樂觀生活，就是養成樂觀生活的好習慣。一旦你學會了陽光燦爛的微笑，你就會發現，你的生活從此就會變得更加輕鬆，而人們也喜歡享受你那陽光燦爛般的微笑。

　　百貨公司裡，有個窮苦的婦人，帶著一個四歲左右的小女孩在轉圈子。走到一架快速攝影機旁，孩子拉著媽媽的手說：「媽媽，讓我照一張相吧。」媽媽彎下腰，把孩子額前的頭髮攏在一旁，很慈祥地說：「不要照了，你的衣服太舊了。」孩子沉默了片刻，抬起頭來說：「可是媽媽，我仍會面帶微笑的。」每想起這則故事，都會被那個小女孩的話所感動。

　　「笑，實在是仁愛的表現，快樂的源泉，親近別人的橋樑。有了笑，人類的感情就溝通了。」這是英國詩人雪萊（Percy Bysshe Shelley）說的。「善說笑話的人，往往有先見之明。」「心裡最好常保快樂，如此就能防止百害，延長壽命。」這是我們應該有的對於生活的態度。俗語說得好：「笑一笑，十年少。」的確，經常保持愉快的心情，笑口常開，是大有益於身心健康的。笑，使肌肉變得柔軟，身心在極度放鬆的狀態下，很難引

養成「笑對人生」的好習慣

起焦慮。只要你笑，對這個世界更有安全感。

　　非洲的一座火山爆發後，隨之而來的泥石流狂瀉而下，迅速流向坐落在山腳下不遠處的一個小村莊。一切的一切都沒有躲過被毀的劫難。滾滾而來的泥石流驚醒了睡夢中的一個14歲的小女孩。流進屋裡的泥石流已上升到她的頸部。小女孩只露出了雙臂、頸和頭部。及時趕來的營救人員圍著她一籌莫展。因為對於遍體鱗傷的她來講，每一次拉扯無疑是一種更大的肉體傷害。此刻房屋早已倒塌，她的雙親也被泥石流奪去了生命，她是村裡為數不多的倖存者之一。當記者把攝影機對準她時，她始終沒有流露出痛苦的表情，而是咬著牙微笑著，不停向營救人員揮手致謝，兩手臂做出表示勝利的Ｖ字型。她堅信政府派來的救援部隊一定能救她。可是營救人員最終也沒能從泥石流中救出她，而她始終微笑著揮手，直到一點一點被泥石流所淹沒。在生命的最後一刻，她臉上沒有一點痛苦失望的表情，反而洋溢著微笑，而且手臂一直保持著Ｖ字形狀。在場的人含淚目睹了這莊嚴而又悲慘的一幕。

　　死神可以奪去人的生命，卻永遠奪不去在生死關頭那個Ｖ字所蘊含的精神。在人生的道路上，挫折、困難甚至絕境避免不了，最重要的是要坦然面對，自信自強，讓靈魂始終微笑。因為穿透靈魂的微笑，常常在生命的邊緣蘊含著震撼世界的力量，讓人生所有的苦難如輕煙飄散。

第 7 章　改掉壞習慣，培養好習慣

　　樂觀向上是成功的良好習慣之一，是一種樂觀開朗的生活態度，是對人對己的寬容大度，是不計較得失的坦然心胸。笑的修養，也是人品的修養。讓我們記住：「笑對一切，樂觀生活。」用微笑和樂觀的心態來面對人生，讓我們的每一天都快樂而充實。要快樂地生活，就要學會擺脫繁雜生活的束縛，一身輕鬆，心情才會更好。樂觀的態度是戰勝困難，走向成功的法寶。要成大事，愁眉苦臉是無濟於事的，只有笑對一切困難並戰勝它們，才是走向成功的正確道路。

積極思考是一個好習慣

　　積極思考的習慣是成功理論中最重要的一項原則，你可將這一原則運用到你所做的任何工作上，你會告別平庸，走向卓越。

　　平庸的人往往不是不動手腳，而是不動腦筋，這種壞習慣制約著他們擺脫困境的思索。相反那些成功者隨身帶著勤於思考的習慣，善於發現問題解決問題，不讓問題成為人生的難題。

　　古希臘的佛里幾亞國王葛第士曾經在戰車上打了一串結。他預言：誰能打開這個結，就可以征服亞洲。一直到西元前 334 年，還沒有一個人能夠成功地將繩結打開。

　　這時，亞歷山大率軍入侵小亞細亞，他來到葛第士繩結之前，不加考慮，便拔劍砍斷了繩結。後來他果然一舉占領了比希臘大 50 倍的波斯帝國。

積極思考是一個好習慣

一個孩子在山裡割草，被毒蛇咬傷了腳趾，孩子疼痛難忍，而醫院在遠處的小鎮上。孩子毫不猶豫地用鐮刀割斷受傷的腳趾，然後忍著巨痛艱難走到醫院。雖然缺少了一個腳趾，但孩子以短暫的疼痛保住了自己的生命。

一位朋友到一家餐館應徵做鐘點工。

老闆問：在人群密集的餐廳裡，如果你發現手上的托盤不穩，即將跌落，該怎麼辦？許多應徵者都答非所問。

朋友答道：如果四周都是客人，我就要盡全力把托盤倒向自己。最後朋友成功了。

亞歷山大果斷劍砍繩結，說明他捨棄了傳統的思維方式；小孩果斷捨棄腳趾，以短痛換取了生命；服務員果斷地把即將傾倒的托盤投向自己，才確保了顧客的利益，這些都是正確思考的傑作。

正確思考往往蘊含於取捨之間，因為不這樣做，就那樣做，這些都是由一個人的思考力決定的。不少人看似素質很高，但他們因為難以捨棄眼前的蠅頭小利，而忽視了更長遠的目標。

成就一番事業的人有時僅僅抓住了一兩次被別人忽視的機遇而獲取了成功，要做到這些，關鍵在於你是否能夠在人生道路上進行果敢的取捨。

所有計劃、目標和成就，都是思考的產物。你的思考能力，是唯一能完全控制的東西。你可以以智慧或是以愚蠢的方

式運用思考，但無論如何運用它，它都會顯現出一定的力量。不懂得正確的思考，是不會克服困難的，如果你不學習正確思考，是絕對沒有辦法防止受挫的。

在克服自身劣勢的過程中，如果你是一位正確的思考者，你就是情緒的主人而非奴隸。你不應給予任何人控制自己思想的機會，你必須拒絕錯誤思想。

一般人開始時，會拒絕某一項不正確的觀念，但後來因為受到家人、朋友或同事的影響而改變初衷，進而接受這一觀念。

一般人往往會接受那些一再出現在腦海中的觀念（無論它是好的或是壞的，是正確或是錯誤）。作為一位正確的思考者，你可以充分利用這一人性特質，使你今天所思考的到了明天仍然反覆出現，並進而接受一再出現的思想，這正是明確目標和正向心態的力量本質。

人性有另一項共同的缺點，就是不相信他們不了解的事物。

當萊特兄弟宣布他們發明了一種會飛的機器，並且邀請記者親自來看時，卻沒有人接受他們的邀請。

當馬可尼宣布他發明了一種不需要電線就可傳遞資訊的方法時，他的親戚卻把他送到精神病院去檢查，他們還以為馬可尼失去了理智。

在未調查清楚之前，就採取鄙視的態度只會限制你的機會以及創造力。不要認為未經證實的事情和新的事物都是錯誤的。

正確思考的目的，在於說明你了解新觀念或不尋常的事

情，而不是阻止你去調查它們。

請學會思想，思想是一個人唯一能完全控制的東西。因為思想會受到周圍環境的影響，所以你必須借著有利的心理習慣，來控制這些影響因素，這種過程叫做「習慣控制」。

控制習慣的過程是不可思議的，它將你的思考力量轉變成行動，但如果你沒有這種習慣，或所學到的是不良習慣的話，那麼它可能會給你帶來失敗。

你必須學會控制習慣。把你的思想當成一張底片，底片會記錄任何反映在它上面的事物。底片不會挑選應記錄的對象，也無法控制焦距和曝光時間，而你作為一位攝影師，有機會挑選所要記錄的對象，決定影像焦距、光圈和快門。最後照片的品質，就取決於控制這些因素的技巧。

對於你心裡那一張底片而言，構圖的主題就是你的明確目標。你按照自己的選擇挑選畫面，以你強烈的雄心闡明挑選好的畫面，並自行決定讓你的思想做多久的曝光。

攝影師對重要的鏡頭不會只拍一次，他們多半都照好多次，每一次都稍微調整一下必須掌握的各項因素，以期照出最完美的畫面。

同樣，你不應讓自己的思想只曝光一次，而是每天都讓自己的思想對準心裡那張明確目標的畫面進行曝光。

久而久之，對明確目標的一再「曝光」會變成習慣，一種經過控制的習慣，一種改變自我的習慣，因為你是有意識地決

定自己行為的性質。強烈雄心的一再呈現，也會將明確目標的畫面印在潛意識上，而你的潛意識將會不知不覺由想像力，激發出自己想達到目標的構想和計畫。

　　但是這些構想不是那麼簡單就會出現的，你的潛意識不會自動把一輛車放在你的車道上，也不會為你辦理存款。構想只有付之於行動才可以實現，也就要求你必須每天都保持進取心，必須培養出處於控制之下的行動習慣。用信心的欲望發動你的思考力；用信心的欲望控制你的行動習慣力。記住這條成大事的基本法則：思考力＋執行力＝成功！

謙虛點，不要驕傲

　　一位禪師讓徒弟裝來一壇石子，徒弟裝了一壇石子回來，禪師問徒弟：「裝滿了嗎？」徒弟說：「裝滿了。」禪師拿些細沙順石縫倒滿後又問徒弟：「這回滿了嗎。」徒弟說：「這回真滿了」，禪師又取些水倒進去，滿了後問徒弟：「現在滿了嗎？」徒弟說：「真的滿了。」禪師又將一些乾土放進去，吸水後又放進好多，禪師又問：「這次真的滿了嗎？」徒弟不敢回答了。禪師又說：「我還可以倒些水進去，它可能在今天真的滿了，可到後來幾天你再來看它就會空下去，因此我告訴你，它永遠都不會滿的。」

謙虛點，不要驕傲

俗話說：「水滿則溢。」以一種空杯歸零的態度，你還能有什麼學悟不到的呢？還有一句俗話說：「三人行，必有我師。」如果你想學，在乞丐那裡都有值得你學的東西，不想學的話，即使在哲人面前，你也會有副不可一世的傲慢。因此，學習的過程，應是一種永不滿足的求學狀態。

愛因斯坦是 20 世紀世界上最偉大的科學家之一，他的相對論以及他在物理學界其他方面的研究成果，留給我們的是一筆取之不盡、用之不竭的財富。然而，就是他這樣一個人，還是在有生之年中不斷地學習，活到老，學到老。

有人去問愛因斯坦，說：「您老可謂是物理學界的空前絕後了，何必還要孜孜不倦學習呢？何不休息呢？」愛因斯坦並沒有立即回答他這個問題，而是找來一支筆、一張紙，在紙上畫上一個大圓和一個小圓，對那位年輕人說：「在目前情況下，在物理學這個領域裡可能是我比你懂得略多一些。正如你所知的是這個小圓，我所知的是這個大圓，然而整個物理學知識是無邊無際的。對於小圓，它的周長小，即與未知領域的接觸面小，他感受到自己未知的少；而大圓與外界接觸的這一周長，所以更感到自己未知的東西多，會更加努力去探索。」

1929 年 3 月 14 日是愛因斯坦 50 歲生日。全世界的報紙都發表了關於愛因斯坦的文章。在柏林的愛因斯坦住所中，裝滿了好幾籃子從全世界寄來的祝壽的信件。

然而，此時的愛因斯坦卻不在自己的住所裡，他在幾天前就到郊外的一個花匠的農舍裡躲了起來。

　　愛因斯坦 9 歲的兒子問他：「爸爸，您為什麼那麼有名呢？」

　　愛因斯坦聽了哈哈大笑，他對兒子說；「你看，瞎甲蟲在球面上爬行的時候，它並不知道它走的路是彎曲的。我呢，正相反，有幸覺察到了這一點。」

　　愛因斯坦就是這樣一個謙虛的人，名聲越大，他就越謙虛。

　　事實上也是如此，沒有一個人能夠有驕傲的資本，因為任何一個人，即使他在某方面的造詣很深，也不能夠說他已經徹底精通。「生命有限，知識無窮」，任何一門學問都是無窮無盡的海洋，都是無邊無際的天空，所以誰也不能夠認為自己已經達到了最高境界而停步不前。那樣則會很快被同行趕上、很快被後人超過。

儲蓄是一種美德

　　當我們看世界上那些大大小小的成功創業的經驗時，我們發現，成功者都有一個良好的習慣，這就是儲蓄存款。即便是在他們經濟條件並不甚寬裕時，他們也努力縮衣節食，一點點儲蓄。他們一旦面臨機遇時，這辛苦存下的錢便成為他們成功的起點。

儲蓄是一種美德

　　石油大王洛克菲勒 16 歲開始闖蕩商界。他最先是在一家商行當簿記員。他從母親那裡繼承了清教徒式的節約習慣。雖然收入不多，他仍然把大部分錢累積起來，為日後的投資做準備。兩年後，他開始做臘肉和豬油的投機生意，成為一個小有資本的商人。這時他仍然保持著儲蓄的習慣，他要為今後的大投資做準備。機會來了，在 1859 年石油業掀起熱潮時，他憑靠長期累積的財力，在一家煉油廠拍賣時，不惜重金，每次叫價都比對手高，最終獲得了這家煉油廠的產權。這就是他賴以起家，登上石油大王寶座的「標準」新煉油廠。經過 20 年的經營，洛克菲勒控制了美國 90% 的煉油業，成為億萬富翁。他成功的基礎，就是他 16 歲時開始養成的存款習慣。

　　對於一個想要成功的人來說，儲蓄的習慣是非常重要的。如果平日花錢沒有節制，那到了真正需要現款來把握投資機會時，就會眼睜睜看著機會讓有存款的人抓走。有了存款，在緊急時刻可以此來應付。

　　洛克菲勒的成功還在於他勇敢購買了一片不被人看好的油田。這個油田的原油被叫做「酸油」，誰也找不到一個好方法來有效提煉它。但這個油田價格低得驚人，產油量極高，洛克菲勒下了狠心要買下來。他說服了董事們，用 800 萬美元一次性購買了油田。要讓油田成為「搖錢樹」，必須解決提煉問題。洛克菲勒找來專家進行研究。在研究了兩年仍沒成果時，

董事們認為毫無希望，拒絕再提供經費。這時，洛克菲勒便用自己的累積，支持研究。研究終於成功，這片 800 萬美元收購的油田，獲得了幾億美元的利潤。而在這次非凡的成功中，同樣是儲蓄的習慣在關鍵的時刻發揮了巨大功用。

存款的習慣還有一個好處，就是在你需要向別人借款時，你的存款習慣會說明你。許多生意人不會輕易把他們的錢借給他人，除非他看到此人有能力用好他的錢。摩根曾說過：他寧願貸款 100 萬元給一個品德良好，且已養成儲蓄習慣的人，而不願貸款 1,000 元給一個品德不佳及只知花錢的人。洛克菲勒在發展石油事業中，也因急需資金，需要借款。他的存款習慣證明他能夠維護其他人的資金，這樣，他便不費力借到了他所需要的資金。

機會無處不在，但只提供給那些手中有餘錢的人，或是那些已經養成儲蓄習慣，而且懂得運用金錢的人。如果沒有累積，我們的很多計畫都將毫無意義。我們一定要養成儲蓄的好習慣，這不僅是我們做事的資本，更是一種美德。

第 8 章
三寸之舌，贏得人心

　　話說得好會讓人如沐春風，極為受用，小則可以讓人快樂，大則可以辦成大事；話說得不好，小則會招來禍患，大則可以喪命。舌頭是圓的，也是軟的，又圓又軟的舌頭能把「醜話」說成「好話」，也能把「好話」說成「醜話」。因此，要想在人際交往中應對自如，就應該懂得說話的藝術。

不把話講得太滿

　　說話留有空間，不把話講得太滿，進可攻，退可守，這是處理好人際關係的一種策略，是成功地做人之道。

　　某公司新研發了一個產品，老闆將此事交給了下屬劉玉，問他：「有沒有問題？」劉玉拍著胸回答說：「沒問題，放心吧！」過了三天，沒有任何動靜。老闆問他進度如何，他才老實說：「不如想像中那麼簡單！」雖然老闆同意他繼續努力，但對他的保證已有些反感。

　　這是把話說得太滿而給自己造成窘迫的例子。把話說得太滿就像把杯子倒滿了水，再倒就溢出來了；也像把氣球灌飽了氣，再灌就要爆炸了。當然也有人話說得很滿，也做得到。不過凡事總有意外，使得事情產生變化，而這些意外並不是人能預料的，話不要說得太滿，就是為了容納這個「意外」！

　　氣球留有空間，便不會因再灌一些空氣而爆炸；杯子留有空間，就不會因加進其他液體而溢出來；人說話留有空間，便不會因為「意外」出現而下不了臺，因而可以從容轉身。所以，很多人在面對記者的詢問時，都偏愛用這些字眼，諸如：評估、徵詢各方意見……這些都不是肯定的字眼。他們之所以如此，就是為了留一點空間好容納「意外」；否則一下子把話說死了，結果事與願違，那會很難看。

　　因此我們在各個方面都應該注意這個問題。在做事方面，

不把話講得太滿

對別人的請託可以答應接受，但不要「保證」，應代以「我盡量，我試試看」的字眼。上級交辦的事當然接受，但不要說「保證沒問題」，應代以「應該沒問題，我全力以赴」之類的字眼。這是為了萬一自己做不到所留的後路，而這樣說事實上也無損你的誠意，反而更顯出你的謹慎，別人會因此更信賴你，即便事沒做好，也不會責怪你！在做人方面，與人交往時，如果出現意見分歧，不要口出狂言，更不要說出「勢不兩立」之類的話，不管誰對誰錯，最好是閉口不言，以便他日需要攜手合作時還有「面子」。尤其應該注意的是，對人不要太早下評斷，像「這個人完蛋了」、「這個人一輩子沒出息」之類屬於蓋棺定論的話最好不要說。

說話不留餘地等於不留退路，要麼成功，要麼失敗的簡單邏輯已經不適合複雜多變的社會。為此付出的代價有時是你無法承受的，因此與其與自己較勁，不如改變一下說話的方式，多用一些不確定的語言，給自己留有餘地。

說話時要掌握分寸，不要拍著胸把話講得太滿。盡量用一些不確定的詞句來降低人們的期望值，這樣你即使不能順利完成任務，人們也會因對你期望不高而能用諒解來代替不滿，有時他們還會因此而看到你的努力，不會全部抹煞你的成績；你若能出色完成任務，他們往往喜出望外，這種增值的喜悅會給你帶來很多好處。

幽默是智者說話的武器

幽默是智者說話的武器，它是對生活的領悟，對事物的洞察。它是用笑的方式彌補人際間的思想鴻溝，跨越人際間的感情分界，增進人際間的信任。幽默可以提高人的生活品質和工作的能力，是一種最有趣的語言藝術。

為了處理好人與人之間的關係，人們大多會以友好的態度對待他人。但世界上的事很難預料，再要好的朋友也會有相互碰撞的時刻，遇到這樣的狀況，談話或討論無法順利進行時，就不妨利用幽默來打破僵局。

在一次談判中，由於雙方都維護各自的利益而不願作任何讓步，使談判陷入僵局，主持人只好宣布休會。用餐時，主人為客人斟酒，手一抖，酒杯碰在客人的額角，竟將酒澆了客人一頭，當時的情形十分的尷尬。公關小姐見狀，從容舉起酒杯，對客人說：「讓我們為我們雙方的共同利益與友好合作，從頭再來乾一杯！」主客一愣，隨即會意一笑。在笑聲中，雙方重新回到談判桌上，在互諒互讓的友好氣氛中開始了貿易談判。

幽默的最高境界是能夠把話語巧妙地結合起來，化陳腐為新奇，利用輕描淡寫的詞語，達到輕鬆的境界，讓人覺得趣味淋漓。因此在使用幽默時，可以加入一些滑稽的語言與誇張的表情，手舞足蹈，達到戲劇化的效果。也可以把幾件看似矛盾的事例放在一起，進行對比，發掘出其中可笑的一面，在諷刺中達到

幽默的效果。最後利用小丑式的說笑方式也可博得對方一笑。

在與陌生人交談中最適合運用幽默，因為貿然向他人搭訕會讓人覺得緊張不安，此時適度表達幽默更能拉近彼此間的距離，製造談話的機會。例如一位男士對一位女同事說：「小姐，你今天好漂亮啊！」由於猛然間聽到這樣稱讚，對方必定滿腹狐疑，不知道他是否話中有話。那麼他可以改一下說法試試看：「小姐，你今天真是漂亮，是不是佳人有約？」這種方式會令人更容易接受。

幽默可以用在各方面，即使是讚美他人，利用帶有幽默感的話語也更能拉近彼此間的距離，減輕對方的心理負擔。尤其是讚美自己深愛的人，很多人認為這是一件非常困難的事，其實不然，在讚美中加入適當的幽默也能達到理想的效果，也更能讓對方覺得你是一個富有情調的人。無論在生活中，還是在人際交往中，掌握幽默的智慧是十分必要的。

但值得注意的是，幽默中最為人不齒的就是揭露他人隱私，隨意攻擊對方，以圖一時之快，或者盯住一件事或對一個人無所不及的冷嘲熱諷。這樣的方式並不是說笑，而是攻擊與誹謗。因此使用幽默時一定要避免損害他人的狀況出現。在表現幽默的過程中，也要注意避免不恰當的玩笑。不要從聊天者中尋找笑料，除了把自己作為說笑的對象，也可以從周圍事物著手，尋找可以提供幽默的工具。最近發生的奇聞趣事也可以成為你談笑的資料，實在沒有內容，也可以無中生有隨意編

第 8 章　三寸之舌，贏得人心

造。但編造的內容要因人而宜，對有地位的人不要說那些庸俗的笑話，這樣只會引起對方的鄙視。說笑話時，還需要留意是否有女性在場，尤其是那些未婚女性。此時不要說那些牽涉男女關係的黃色笑話，那樣只會讓在場的男士捧腹大笑，卻會令在場的女士滿面羞紅，深感羞恥，即使表面上沒有任何表示，在心裡卻討厭你。

恰到好處讚美別人

馬克・吐溫曾經說過：「一句精彩的讚辭可以代替我 10 天的口糧。」渴望得到讚美是每個人內心中最迫切的需求之一，恰到好處讚美別人，自然會得到別人的回應與讚美。

適當讚美別人，說說讚美話也是處世之道。韓非子曾經說過一句話，大意是：要適當地讚美別人的優點和長處，這是正確處理人與人之間的關係的一條重要且實用的法則。任何人都樂意聽好話，聽別人讚美自己的優點，而不願意聽別人直說自己的短處。讚美別人對自己也會有所幫助。如果想讓對方接受你的觀點，則必須先讓對方能夠靜心傾聽你的想法。如果對方連聽都沒有聽進去，又談何接受不接受呢？而要對方傾聽，則不可使對方產生反感。讚美話在此時就會發揮最好的效用，讚美別人的同時，也吸引了對方的注意力，讓對方能靜心傾聽你的想法。

恰到好處讚美別人

某地有一家歷史悠久的飯店，店主老李有著豐富的經營經驗。正當他的事業蒸蒸日上時，離他不遠的地方又開了一家飯店。老李對新來的對手十分不滿，到處向人指責那家飯店的菜色差，毫無經營經驗。新飯店的老闆聽了很氣憤，想到法院去起訴。後來一位律師勸他，不妨試試善意的表示方法。顧客又向新飯店的老闆述說老李的攻擊時，新飯店的老闆說：「一定是誤會了，老李是本地最好的管理家，它們的飯店在任何時候都服務得到位，而且還有很多經營飯店的新奇的點子，我們這個地方正在發展之中，有足夠的時間可供我們做生意，我們是以老李為榜樣的。」老李聽了這些話後，立即找到了自己的年輕對手，向他道歉，還向他介紹自己的經驗和管理方法。就這樣雙方的矛盾化解了。

由此可見，採取先揚後抑的說話辦法可以達到理想的效果。說話時要注意真誠讚美對方的優點，使對方心情愉悅，拉近雙方的距離，消除隔閡。再一步步將自己的想法和盤托出，用話語巧妙引領對方耐心聽清你要說的話，而不至於沒聽幾句便火冒三丈，不歡而散。老子說：「美言可以市尊。」從某方面解釋便是，如果一個人善於駕馭語言，便可以用之去交換自己所需要的東西。這都從側面說明了說話的重要性。

我們說要適當讚美別人的優點。這種讚美必須是誠心的，而不是為了阿諛奉迎而故意誇大的虛假的讚美。交友時，說話如果

能很好運用這一條，對於促進人際交往的和諧發展大有裨益。

語言是人際交流的最重要最有利的工具。如果我們說話不注意，很可能會被別人誤解，自以為說得很好，可別人卻沒有按照本意理解而產生誤會。因此不妨說說讚美話，在某些時候對某些你該讚揚的就不妨讚揚幾句，要適當讚美別人的優點。但要記住，這種讚美必須是誠心的，這不僅是對別人的一種承認，更是對別人的一種感情投資。

語中要害，事半功倍

卡內基曾經說過：「一個人的成功，約有 10% 取決於知識和技術，85% 取決於發表自己意見的能力和激發他人熱忱的能力。」可見語言表達能力很重要。

語言具有號召力，一句捧場的話，可以使人飛黃騰達，一句進讒的話，也可以使人失敗慘重。就算小事，如若處置不當，萬急之中也會釀成禍害。此時能不能說話，善不善說話，可真是性命攸關的大事了。話只有說到點上才能達到關鍵性的作用。所以話並不是說得越多才越有說服力，要掌握好角度，抓住談論的要害，才能事半功倍。

能言善辯的語言表達能力是增強競爭能力的重要工具。各個領域人士的交往越來越頻繁，語言交際的地位越來越重要。語言交流作為社會交際的最基本最便捷的工具日益受到重視。

這是誰也回避不了的事實。我們要有出色的語言組織能力，善於總結自己的觀點，凡事語中要害，只有這樣，才能在激烈的社會競爭中處於不敗之地。

別人的「瘡疤」揭不得

在龍的喉下直徑一尺的地方有一處的鱗是倒長的，人們稱他為逆鱗，無論是誰觸摸到這一部位，都會被激怒的龍殺掉。人也是如此，無論一個人的出身、地位多麼傲人，也都有別人不能冒犯的角落。

人人都有各自不同的成長經歷，都有自己的缺陷，也許是生理上的，也許是隱藏在內心深處不堪回首的經歷，這些都是他們不願提及的「瘡疤」，是他在社交場合極力隱藏的問題。被擊中痛處，對任何人來說，都不是一件令人愉快的事。尤其是他人身上的缺陷，千萬不能用侮辱性的言語加以攻擊。否則別人都會採取方法反擊，以求一種心理上的平衡。我們在說話的時候一定要掌握好分寸。

揭竿而起的農民英雄陳勝，就忌諱別人提及自己「地主家長工」的出身。他幾位患難兄弟就因在他面前無意提起他「莊稼漢」時期的事情，而觸犯了他的「領袖形象」，戳到了他的痛處，招來殺身之禍。三國中的英雄劉備是個「少鬚眉」的形象。在古代，鬍子和眉毛稀少的男子被人認為是沒有男子漢氣

概。劉備剛到西蜀時，曾被劉璋手下鬍鬚茂盛的張裕取笑嘴上沒毛，令他十分惱火。等後來他趕跑了劉璋，成為張裕的主子的時候，找了個藉口把張裕殺了。由此可見，雖然劉備表現得有些心胸狹窄，但張裕說話尖酸刻薄，討得一時的口頭便宜，不懂維護他人尊嚴才是招來殺身之禍的根源所在。

明太祖朱元璋出身貧寒，做了皇帝後自然少不了有昔日的朋友到京城找他。有位朱元璋兒時一起長大的好友，千里迢迢從老家鳳陽趕到南京，幾經周折總算進了皇宮。一見面，這位老兄便大嚷起來：「哎呀，朱老四，你當了皇帝可真威風呀！還認得我嗎？當年我們可是一起玩耍，你做了壞事總是讓我替你挨打。記得有一次我們一起偷豆子吃，背著大人用破瓦罐煮。豆還沒煮熟你就先拿起來，結果把瓦罐都打爛了，豆子撒了一地。你吃得太急，豆子卡在喉嚨還是我幫你弄出來的。」朱元璋雅興頓失，當著後宮佳麗和眾奴才的面揭自己的短處，讓這個當皇帝的臉往哪擱。盛怒之下，朱元璋下令將之痛打然後逐出宮外。

這就是揭人之短的下場。「揭短」，有時是故意的，那是互相敵視的雙方用來攻擊對方的武器。「揭短」，有時又是無意的，那是因為某種原因一不小心犯了對方的忌諱。但是有意也好，無心也罷，在待人處世中揭人之短都會傷害對方的自尊，因為沒有人願意提及自己不光彩的一頁。輕則影響雙方的感情，重則導致友誼的破裂。

知道在什麼時候該以怎樣合適的方式說話辦事，是一個人心理成熟、懂得社交技巧的表現。實話不一定要直說，可以幽默地說、婉轉地說而不是當眾說。同樣是說實話，用不同的方式說，效果會有很大的不同。因此我們在說話時要掌握好分寸，不揭人之短，並了解對方的長處，要善於擇善棄惡，多誇別人的優點，盡量回避對方的缺點。

交談時要有分寸，一旦觸到了對方的隱私和短處，就相當於踏進了社交「雷區」。每個人都有所長，亦有所短，要「避免矛盾、穩中求安」，善於發現對方身上的優點，而不要抓住別人的隱私、痛處大做文章。

一句話能把人說跳，一句話也能把人說笑

「一句話能把人說跳，一句話也能把人說笑。」言語是思想的衣裳，談吐是行動的羽翼。它可以表現一個人的高雅，也可以表現一個人的粗俗。言談高雅即行動之穩健，說話輕浮即行動之草率。

語言是人們之間交流的最好的表達方式，而相聲就是這種表達方式中最靈活的一門藝術。我們不難看出，相聲正是很好地利用了語言這種交流工具，巧妙調動聽者的情緒，讓聽者大聲笑出來，它足以說明善說與不善說的區別，很難想像一個人想什麼就直接說什麼會演好相聲。話說得合適，不僅能表現出

第8章　三寸之舌，贏得人心

　　自身修養的高雅，也能夠輕鬆讓別人接受你的觀點，使人願意接近你，沒有誰喜歡那種經常用惡語傷人的人。

　　有一位老年顧客，拿著一個酒瓶請營業員打開，在營業員接酒瓶時，酒瓶忽然掉下來摔破了。那位營業員馬上道歉說：「對不起！是我沒有接好，這是我的過失。」說完，他立即掏出錢來要賠償。老年顧客見營業員連聲賠禮，不但沒有發火，反而自責說：「沒關係，是我沒有遞好！我回去重新拿一個來就是了。」就這樣，一件很容易引發爭吵的事，圓滿解決了。

　　俗話說：「良言一句三冬暖，惡語傷人六月寒。」就像這位營業員一樣，他主動道歉，短短幾句話便使顧客心裡暖烘烘的。這並不表示他比顧客低一等，相反，正是從這樣的小事中，表現出他獨特的智慧，化解了可能的糾紛。這就提醒我們說話時要注意分寸，多講良言。

　　古時候，有個年輕人騎馬趕路，時至黃昏，住處還沒著落，忽見前面來了一老農，他便在馬上高聲喊道：「喂，老頭，離旅店還有多遠？」老人回答：「五公里！」年輕人策馬飛奔，向前馳去。結果一跑十多里，仍不見人煙。他暗想，這老頭真可惡！非得回去整治他不可。並自言自語道：「五里，五里，什麼五里！」

　　猛然，他醒悟過來，這「五里」不是「無理」的諧音嗎？於是馬上往回跑。見那位老農還在路邊等候，老人說：「你已經錯過了路頭，如不嫌棄，可到我家一住。」

如果你要接通情感的熱線，使交際暢通無阻，就應得體運用禮貌語、稱呼語和禁忌語。談話中，習慣用禮貌語言，就會讓人感到「良言一句三冬暖」，使感情頓時親切融洽起來。反之，如果言語蠻橫過激就會讓人感到「惡語傷人六月寒」。因此，我們在說話的時候要分場合，要有分寸，更要得體。利用語言的藝術，採取不卑不亢的說話態度，優雅的肢體語言，活潑俏皮的幽默語言，並且嫻熟使用這些語言藝術，這樣才會使你的人際交往更成功！

我們在交談的時候，要善於利用語言，並且習慣運用禮貌用語，讓人感到親切和融洽。這才是與人交往的正確方式。

巧問話，掌握主動權

說話是一門藝術，絕不是見人說人話，見鬼說鬼話。而問話恰是這門藝術的最好展現。問話更需要口才，關鍵場合，問話問得巧，就等於取得了主動權，相反如果問得過於直白，不僅很容易遭到拒絕，而且還會處於被動的局面。因此提問的方式是否有技巧，有時會決定一個人做事是成功還是失敗，這是一件不可否認的事實。

據說在某國的教堂內，有一天，一位教士在做禮拜時，忽然熬不住煙癮，便問他的上司：「我在祈禱時可以抽煙嗎？」遭到了上司的斥責。然後又有一位教士，他也犯了煙癮，卻換

了一種口氣問道：「我吸煙時可以祈禱嗎？」上司竟莞爾一笑，答應了他的請求。

在開會時我們經常聽到主持者這樣發問：「不知各位對此有何高見？」雖然從表面上看，這種問話很好聽，但效果並不是很好。因為誰敢肯定自己的見解就高人一等呢？就算是高見，也不好意思先開口。如果換成「各位有什麼想法呢？」這種問法一定會被很多人接受，效果一定會大相徑庭。因此我們提問時要講究一定的方法，提問過於唐突是非常不禮貌的行為，這是不可忽視的。假如在大庭廣眾之下問對方：「你有什麼理由可說？」「你晚來了半小時，上哪混了？」如此唐突的問法，令人難以下臺，人家一定會不高興的。

若想要想問得巧，就要選擇恰當的提問形式。限制性的提問是一種目的性很強的提問技巧，它能幫助提問者獲得較為理想的回答，減少被提問者說出拒絕的或提問者不願接受的回答。

某地有兩家麵館，每天的客流量幾乎相同，但是營業額卻大相徑庭。原因是效益不好的那家麵館在煮麵時問顧客加雞蛋還是不加雞蛋，而效益好的那家麵館，在給客人煮麵時，會問你要加一個雞蛋還是兩個雞蛋。同樣的問話，效益好的那家麵館自然縮小了顧客的選擇範圍，在潛意識裡形成的是加一個還是兩個，而大大減少了不加雞蛋的可能性。可見問話的技巧真實一門學問。

另外，還可以利用選擇型提問，這種方式多用於朋友之間，同時也表明提問者並不在乎對方的抉擇。你的朋友來你家作客，你留他吃飯，但不知道他喜歡吃什麼。於是可以問他：「今天我們吃什麼？牛排還是火腿？」

婉轉型提問也是一種非常好的提問方式，這種方式可以避免對方拒絕而出現尷尬局面。

例如，一位男士愛上了一個女孩子，但他並不知道女孩子是否愛他，此話又不能直說，於是他試探地問：「我可以陪你走走嗎？」如女方不願交往，她的拒絕就不會使對方很難堪。但是在有些情況下，你想要別人按照你的意圖去做事，就應該用商量的口吻向對方提出。比如你要祕書起草檔，把意圖講清之後，應該問一問：「你看這樣是否妥當？」這樣會更好。值得注意的是話題的選擇也是一個關鍵的問題，要使對方樂於答話，應該挑他擅長的來說，這樣他才會對你的提問感興趣，接下來的談話也就會越順利。

有些場合，問話問得巧，就等於取得了主動權，但如果問得過於直白不僅很容易遭到拒絕，而且還會處於被動的局面。因此在問話的時候一定要根據具體的情況具體分析，根據不同的場景採取不同的問話方式，讓提問更有力度。

第 8 章　三寸之舌，贏得人心

有些話不能直言

在生活中人們往往討厭直言不諱的人，因為這種人太尖銳。他們沒有分寸脫口而出，讓人聽了之後覺得彆扭甚至反感，那樣勢必會影響到交際效果。這絕不是智慧者所為。

從前，有一個愛說實話的人，什麼事情他都照實說，所以他不管到哪，總是被人趕走。所以他變得一貧如洗，無處棲身。

他來到一座修道院，指望著能被收容進去。修道院長見過他，問明原因以後，認為應該尊重那些「熱愛真理，說實話」的人。於是把他留在修道院裡安頓下來。修道院裡有幾頭牲口已經不中用了，修道院長想把它們賣掉，可是他不敢派手下到集市去，怕他們把賣牲口的錢私藏腰包。於是他就叫這個人把兩頭驢和一頭騾子牽到集市上去賣。這人在買主面前實話說：「尾巴斷了的這頭驢很懶，喜歡躺在稀泥裡。有一次，長工們想把它從泥裡拽起來，一用力，拽斷了尾巴；這頭禿驢脾氣倔，一步路也不想走，他們就抽牠，因為抽得太多，毛都禿了；這頭騾子呢，是又老又瘸。如果能做事，修道院長為什麼要把牠們賣掉呢？」

結果買主們聽了這些話就走了。這些話在集市上一傳開，誰也不來買這些牲口了。這人到晚上又把牠們趕回了修道院。修道院長發火對這人說：「那些把你趕走的人是對的。不應該留你這樣的人！我雖然喜歡實話，可是我卻不喜歡那些跟我的

錢包作對的實話！所以，老兄，你滾開吧！你愛上哪就上哪去吧！」就這樣，這人又從修道院裡被趕走了。

　　故事中的人運用的就是傷人傷己的劍，現實生活中也不乏類似的例子。他們舉著「直言快語」的旗子，有時扮演成了愚蠢的角色，最終會得罪所有的朋友。因為並不是所有的話題，在任何時間地點，都適合直言不諱的。

　　直言不被肯定的現象是有一定原因的，因為無論人處在何種地位，也無論是在哪種情況下，都喜歡聽好聽的話，喜歡受到別人的讚揚。畢竟工作很辛苦，雖然能力有大有小，但都盡了自己的一份力量，當然希望自己的努力得到他人和社會的承認，這也是人之常情。

　　若想做一個受人歡迎的直言人，不妨採取以迂為直的說話方式，這比直言更有效。迂，並不是單純的走彎路，而是通常所說的正話反說。這種方式不僅考慮到旁人的立場、觀念和性格，還要在此基礎上以誠相待，這種直言不諱，在人們的心中一定會被認為是一個值得信賴的好人，會很願意聽取他的建議，並樂於與他交往。

　　直言是一種值得珍惜的個性，因為它能讓是非得以分明，但是很多時候它都扮演著不受歡迎的角色。若想改變這種態勢，就要換一種思路去對待它，在一些不便於把話說得太死的時候，採取以迂為直的方式，讓直言的表意更有彈性。

三分話要說，七分話要留

　　心事不要隨便說出來，當別人看透你的心事的時候，你的脆弱就會暴露在別人面前。任何人若能在保守祕密這個問題上處理得當，就不會因洩露祕密而把事情搞得複雜化。

　　很多人都有一種共性，有什麼喜怒哀樂的事情，總想找個人談談，還有些的人，不分時間、對象、場合，見什麼人都把心事往外掏。其實這也沒有什麼不對，好的東西要與人分享，壞的東西當然不能讓它積在心裡。值得注意的是要說可以，但不能隨便說，因為每個傾訴對象都是不一樣的。

　　當你和別人共同擁有一個祕密時，你會因這個祕密和對方拴在了一起。這對你處理事情是個障礙，對方可能會在關鍵時刻，拿出你的祕密作為武器回擊你，讓你在競爭中失敗。因此我們在處理心事時要非常慎重，不要讓心事的傾吐洩露你的脆弱面，讓人改變對你的印象。最糟糕的是脆弱面被別人掌握住，會在日後爭鬥時造成你的致命傷，這一點不一定會發生，但必須預防。尤其是某些帶有危險性與機密性的心事，例如你在工作上承擔的壓力與牢騷，你對某人的不滿與批評，當你傾吐這些心事時，有可能被人拿來當成攻擊你的武器，你是怎麼吃虧的，連自己都不知道。因此就算對朋友也不要把心事隨便說出來。你要說的心事應該是有所篩選，因為朋友可能是一時的，這一點你必須明白。

然而，閉緊心扉也不是好事，會給人一種城府很深，心機重的印象，成為不可捉摸與親近的人。所以聰明的人在交談時，會把局勢扭轉到對自己有利的一面。說說無關緊要的心事給周圍的人聽的同時，多聽聽別人的心事，別人就會因你多聽而多說，這樣不但可以導引對方多說，還可以避免流露自己的內心祕密。

不把自己的祕密全盤告訴給對方是處世的潛規則。在保守祕密這個問題上要處理得當，不要親手為自己埋下一顆「炸彈」。在任何情況下，都要逢人只說三分話，未可全拋一片心。不因洩露祕密而把事情搞得複雜化，或者使自己陷入身敗名裂的境地。

學會委婉的拒絕

學會拒絕是人生應具備的基本功之一。唯有恰當拒絕一些不必要的干擾，人們才能集中精力，去完成更為重要的事情。

當我們想拒絕別人時，心裡總是想：「不，不行，不能這樣做，不能答應！」可是嘴上卻含糊不清說：「這個……好吧……可是……」有時還會認為拒絕別人的要求是一種不良的習慣。在很多時候，還沒來得及聽清別人的要求是什麼答應了，常把自己推入兩難的狀況。因此我們要學會適當拒絕別人。但是過於直率拒絕每一個問題，永遠說「不」，很容易得罪人，不利於待人接物。這就需要我們掌握拒絕的技巧。

第8章　三寸之舌，贏得人心

* **用沉默表示拒絕**

  當別人問：「你喜歡某某嗎？」你心裡並不喜歡，你可以不表態，或者一笑置之，別人即會明白。一位不太熟識的朋友邀請你參加晚會，送來請帖，你可以不予回覆。它說明你不願參加這樣的活動。

* **用拖延表示你的拒絕**

  一位女友想和你約會。她在電話裡問你：「今天晚上去看電影，好嗎？」你可以回答：「明天再約吧，到時候我打給你電話。」

  一位客人請求你替他換個房間，你可以說：「對不起，這得值班經理決定，他現在不在。」

  你和妻子一起上街，妻子看到一件漂亮的連衣裙，很想買。你：「糟糕，我忘了帶錢包。」

  有人想找你談話，你看看錶：「對不起，我還要參加會議，改天行嗎？」

* **用回避表示拒絕**

  你和朋友去看了一部無聊的喜劇片，出影院後，朋友問「這部片怎麼樣？」你可以回答：「我更喜歡抒情一點的片。」

  你覺得你正發燒，但不想告訴朋友，以免引起擔心。朋友關心問：「你量體溫吧？」你說：「沒關係，今天天氣不太好。」

學會委婉的拒絕

＊ 用反詰表示你的意見

你和別人一起談論物價問題。當對方問：「你是否認為物價成長過快？」你可以回答：「那麼你認為成長太慢了嗎？」你的朋友問：「你喜歡我嗎？」你可以回答：「你認為我喜歡你嗎？」

＊ 用客氣話表示拒絕

當別人送禮物給你，而你又不能接受的情況下，你可以客氣地回絕，說些客氣話；或者表示受寵若驚，不敢領受；或者強調對方留著它會有更多的用途等。

＊ 用搪塞辭令拒絕

外交官們在遇到他們不想回答或不願回答的問題時，總是用一句話來搪塞：「無可奉告。」生活中，當我們暫時無法說具體的回答時，也可用這句話。還有一些話可以用來搪塞：「天知道」、「事實會告訴你的」等等。

學會委婉的拒絕，恰當地說「不」並不是一件難事。只要理解了上面的幾種方法，用最理想的方式表達自己的否定想法，並把它融入到你的實際生活中，一定會對你的人際交往有所幫助。

說話要講究語言的藝術，而拒絕恰恰體現出語言藝術的最高境界。拒絕既要有力度又要不傷人，是很難讓人把握的。因此對人說「不」的時候，意思一定要明確，防止不必要的誤解。

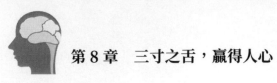

第 8 章　三寸之舌，贏得人心

第9章

好性格，好命運

性格決定一個人的成敗得失和前途命運。人的性格並不是一成不變的，而是具有可塑造性，我們需要對自己的性格做出選擇。優良性格讓人不管是在順境還是在逆境中，都能坦然面對，並且不懈努力，取得成功；不良性格會讓人走盡彎路，受盡挫折，甚至在關鍵時刻毀掉一個人的一生，造成悲劇性的結局。

給自己一個準確的定位

人首先應該給自己一個定位，自己到這個世界上來究竟是做什麼的，必須有個十分清楚的認識，否則就會迷茫，就會失去前進的方向，就會在一個個十字路口徘徊，這樣的人生是沒有意義的。

自從我們來到了世間，便像蒲公英一樣撐著小傘苦苦尋覓一片適合自己的土壤，因為只有在那裡，我們才能生根發芽。或許，你的那把傘早已經收起，卻盼望著過另一種生活；或許，你在色彩紛呈的流光中迷失了自己，只知道麻木追隨別人；或許，這一切只因為你還沒有認清自己的人生定位。

在現實生活中，人們往往忘記自己的存在，忘記對自己的關愛，從不去問「我從哪裡來，我到哪裡去」之類的問題，偶爾想起，也不過茫茫然一片空白。因此在人生這個舞臺上，常常是亂哄哄，你方唱罷我登場，反認他鄉是故鄉；甚荒唐，到頭來，都是為他人做嫁衣裳。一個人只有認清自己的人生定位，才能獲得成功。

偉大的文學家歌德（Johann Wolfgang Von Goethe）在年輕的時候立下的志向是成為一個世界聞名的畫家。為此，他一直沉溺在那個變化無窮的色彩世界中難以自拔。他付出了十年的艱辛努力去提高自己的畫技，但是收效甚微。在他40歲那年，他到義大利遊玩，親眼看到那些大師的傑出作品之後，

被震驚了。即使自己窮盡畢生的精力恐怕也難以在畫界有所建樹。那時他毅然決定放棄繪畫，改攻文學，並以他的努力，獲得了舉世矚目的成績。

歌德在晚年回顧自己的成長過程時，就告誡年輕人，不要因為一時的盲目而相信自己的興趣，盲目跟著感覺走，要認清自己的人生定位。在人生之路真正開始時，我們會面臨很多盲點，我們自身的性格、特長、知識積累等條件，適合於去做什麼，能夠做什麼，恐怕沒有經過實踐，我們很難給自己一個定位。因此，對自己的認識不是一次完成的，不僅要建立在回饋基礎上的自我調節，也要借助別人對自己的中肯意見。

要認清自己的人身定位，就要探討認識自己的問題。但是這裡所說的認識並不是像曹雪芹在《紅樓夢》中所講述的道理一樣，對於那些身外之物我們還是應該去追求的。我們要極力鼓勵人們去追求現實的身外之物，因為畢竟只有這些身外之物才能反映出我們今生今世過得好不好，才能看出我們這輩子活得值不值。但同時我們也絕不贊同將這些身外之物當作唯一的奮鬥目標。那些將身外之物當作唯一的人，當追求得到滿足後，又會很迷茫，結果是找不到「自己」，不知該往哪裡去，於是墮落去尋求感官享受。可見人必須清楚認識自己，不但要建造極大豐富的物質家園，同時還需要建造自己的精神家園。

我們要研究自己，並且要努力認識自己，找到與自己相對應的目標。

冷靜思考，克服偏激心理

自我控制偏激是一種修養，它是你經過千百次的忍耐而形成的性格，這種性格是你成就大事的一把利劍，它會為你劈開前進路上的荊棘，拓寬你遠行的人生道路。

性格和情緒上的偏激，是一種心理疾病，是為人處世的一個不可小視的缺陷。它的產生源於知識上的極端貧乏，見識上的孤陋寡聞，社交上的自我封閉意識，思維上的主觀唯心主義等等。這種性格上的缺陷常常讓人們率性而為，將精力投入到毫無意義的事情上，離成功越來越遠。因此我們只有善於克制這種缺陷，才能蓄勢待發。

一個人有主見，不與世沉浮，這無疑是值得稱道的好品格。但是這還要以不固執己見，不偏激執拗為前提。無論做什麼事情，頭腦裡都應當多一點辯證觀點。死守一隅把自己的偏見當成真理至死不悟，這無論是對自己還是對待他人，都沒有一點益處。如果不認真糾正，很有可能會與成功背道而馳。

三國時代，漢壽亭侯關羽，過五關、斬六將，單刀赴會，水淹七軍，是何等的英雄氣概。可是他致命的弱點就是不善於克制，固執偏激。當他受劉備重託留守荊州時，諸葛亮再三叮囑他要「北據曹操，南和孫權」，他不以為然。不久吳主孫權派人來見關羽，為兒子求婚，關羽一聽大怒，喝到：「吾虎女何肯嫁犬子乎！」這本來是一次很好的「南和孫權」的機會，卻

冷靜思考，克服偏激心理

鬧得孫權沒臉下臺，導致了吳蜀聯盟的破裂。最後刀兵相見，關羽也落個敗走麥城、被俘身亡的下場。關羽不但看不起對手，也不把同僚放在眼裡，名將馬超來降，被封為平西將軍，遠在荊州的關羽大為不滿，特地給諸葛亮去信，責問說：「馬超的才能比得上誰？」老將黃忠被封為後將軍，關羽又當眾宣稱：「大丈夫終不與老兵同列！」目空一切、盛氣凌人，其他的人就更不在他的眼裡，一些受過他蔑視甚至侮辱的將領對他既怕又恨，以至於當他陷入絕境時，眾叛親離，無人援救，促使他迅速走向滅亡。

現實生活中，像關羽這樣的個人英雄還是不少的，然而隨著競爭的加大，能力競爭已經超出個人能力的單打獨鬥，取而代之的是團隊精神的較量。因此只有正確看待別人的人才能立足於能精誠團結的團隊，才能共同進步，從而成就一番事業。

某公司老闆深知能力的重要，他在招聘時打破傳統的偏見，新員工進來之前都要考試，以成績而非文憑決定是否錄取，所以他的記者、編輯都非常出色，而且都很能吃苦。尤其是一個體育雜誌的女編輯，身體患有嚴重的殘疾，她以前找過很多工作，都被拒之門外，但是這位老闆看中了這個女孩的文筆和才能，以及她對體育的深深迷戀和理解。於是這個女孩成了一名體育編輯，一年以後成了主編，並做得非常出色。這位精明的老闆就是如此，所以在同類雜誌中，他的雜誌一直都保持了非常獨到的品位和特色。

第9章　好性格，好命運

　　打破偏見，往往獲利的是自己。在應試教育的今天，很多時候一個單位招聘員工都是看他有沒有大學文憑，也不管這個單位這個職位是否需要這樣的文憑，總之，就是文憑決定一切。其實很多工作需要的是技能而非那一紙文憑，那張文憑所能證明的只是他的學習經歷，並不能說明他是否適應這份工作。中文系的學生不一定都擅長寫作，學管理的學生不一定都能當企業家。世上沒有絕對的事情，要學會變通。

　　一隻在外面閒逛的小瓢蟲，有一天誤入了牛角。小瓢蟲很小，彎彎的牛角在牠看來就像是一條極寬闊的隧道。牠想，走出隧道，一定會是一個水草豐美的地方。誰料，腳下的路卻越走越窄，到後來竟難以容身。為此，小瓢蟲不得不停下來進行認真思考，決心掉過頭來，重新開始。

　　這一回，由牛角尖向牛角口進發，結果驚喜發現，道路越走越寬廣，而且步出牛角，瞬間，她覺得自己就是那天上自由飛翔的小鳥，大海中隨意競游的小魚。從那以後，小瓢蟲逢人便說：「當你遇到無法逾越的障礙時，不妨換一種方式。這就像面對一扇打不開的門一樣，換一把鑰匙，希望之門或許就會為你敞開。」

　　人們常常把那些頭腦不開竅、認死理的人稱作性格和情緒上的偏激。在很多時候造成這種偏激的原因是對事物持有的某種觀點和信念，而這種觀點和信念其實並不符合客觀事實或與

邏輯推論相違背。嚴重的偏見會給我們的生活帶來不必要的困擾，還會阻礙我們的發展。其實走出這種偏激再容易不過，只需要變個方向就行。無論對人對事都要用發展的眼光去看，他以前錯過，不等於他永遠都錯，他以前對過，不等於他永遠都對。但是，只這一點便難倒了許多人，無數人都是在碰壁後才知道回頭，但大多已為時過晚。

要克服「一葉障目，不見泰山」的偏激心理，最好的方法是對症下藥，豐富自己的知識，增加自己的閱歷，培養辯證思維能力，客觀看待問題。同時，多參加有益的社交活動，培養勇敢、團結等良好的品格，增強自控能力。此外還要掌握正確的思想觀點，說話、做事多冷靜思考，這樣才能有效克服偏激心理。

人的情緒是以認識為前提的。認識正確，要求合理，有助於保持飽滿的熱情、穩定的情緒和舒暢的心情；反之，認識偏激以至錯誤，或者好高騖遠，就會與現實發生矛盾，從而產生偏激情緒，很容易做出過激行為，往往一念之差，造成千古遺恨。因此，我們要有意識控制和調節自己的情緒，做情緒的主人。

不要活在抱怨的陰影裡

哲人說，世界上最大的悲劇和不幸就是一個人大言不慚說：「沒人給過我任何東西。」這種人活在抱怨的陰影裡，他們看不到幸福的陽光，只能觸摸陰暗的黑夜。

在日常工作和生活中，我們可以隨處就找到時常抱怨的人。抱怨自己抱怨住處很差，抱怨工作差、工資少，抱怨空懷一身絕技沒人賞識。其實，現實有太多的不如意，就算生活給你的是垃圾，你同樣能把垃圾踩在腳底下，登上世界之巔。

傳說，有個寺院的住持，給寺院裡立下了一個特別的規矩：每到年底，寺裡的和尚都要面對住持說兩個字。第一年年底，住持問新和尚心裡最想說什麼，新和尚說：「床硬。」第二年年底，住持又問新和尚心裡最想說什麼，新和尚說：「食劣。」第三年年底，新和尚沒等住持提問，就說：「告辭。」住持望著新和尚的背影自言自語地說：「心中有魔，難成正果，可惜！可惜！」

住持說的「魔」，就是新和尚心裡無盡的抱怨。這個新和尚只考慮自己要什麼，卻從來沒有想過別人給過他什麼。像新和尚這樣的人在現實生活中很多，他們這也看不慣，那也不如意，牢騷滿腹總覺得別人欠他的，從來感受不到別人對他所做的一切。這種人心裡只會產生抱怨，不會產生感恩。他們的人生是悲哀的。相反，一個心中沒有抱怨，充滿感激的人，在任

不要活在抱怨的陰影裡

何時候都能以正向心態面對人生，雖然也會遇到挫折，但是他們最終會走向成功的彼岸。

兩個行走在沙漠的旅人，已行走多日，在他們口渴難忍的時候，碰見一個吆喝駱駝的老人，老人給了他們每人半瓷碗水。兩個人面對同樣的半碗水，一個抱怨水太少，不足以消解他身體的饑渴，抱怨之下竟將半碗水潑掉了；另一個也知道這半碗水不能解除身體的飢渴，但他卻擁有發自心底的感恩，並且懷著感恩的心情，喝下了這半碗水。結果，前者因為拒絕這半碗水死在沙漠之中，後者因為喝了這半碗水，走出了沙漠。

這個故事告訴人們，對生活懷有一顆感恩之心的人，即使遇上再大的災難，也能熬過去。感恩者遇上禍，禍也能變成福，而那些常常抱怨生活的人，即使遇上了福，福也會變成禍。

荀子曾經說過：「自知者不怨，知命者不怨天，怨人者窮，怨天者無志，失之已，反之人，豈不迂乎哉！」意思是說有自知之明的人會選擇生活的道路，時刻把握命運的主動權。面對現實生活中不完善的地方，不要怨天尤人，而應該保持正常的心態，看到自己的責任，拿出精神和勇氣來。

第 9 章　好性格，好命運

遠離憤怒，做情緒的主人

　　生活的每一天並不會時時受到那些繁雜的瑣事所困擾，但一定會影響心情。輕易擊垮人們的並不是那些看似滅頂之災的挑戰，往往是那些微不足道的小事，它左右了人們的想法，最終讓大部分人一生一事無成。憤怒在某些情況下是種自然的反應，但並不是在每一種情況中都要如此反應。我們所處的社會是靠彼此的合作和幫助才得以維持的。我們必須經常控制某些情感。重要的是，我們要承認別人與自己都有情緒存在 —— 但是我們不能拿它當藉口，每次有什麼情緒，就毫無考慮發洩出來，這樣做只是徒勞，沒有任何意義。生活是忙碌，所以要求人們去清點那些無需勞神的瑣事，然後果斷將那些無益的小事拋棄，沒有必要去理會它。

　　一位剛畢業的大學生，花費了很大精力找到了一個海上油田鑽井隊的對口工作。在海上工作的第一天，領班要求他在限定的時間內登上幾十米高的鑽井架，把一個包裝好的漂亮盒子送到最頂層的主管手裡。他拿著盒子快步登上高高的狹窄的舷梯，氣喘吁吁、滿頭是汗登上頂層，把盒子交給主管。主管只在上面簽下自己的名字，就讓他送回去。他又快跑下舷梯，把盒子交給領班，領班也同樣在上面簽下自己的名字，讓他再送給主管。

　　他看了看領班，猶豫了一下，又轉身登上舷梯。當他第二次登上頂層把盒子交給主管時，渾身是汗，兩腿發顫，主管卻

和上次一樣，在盒子上簽下名字，讓他把盒子再送回去。他擦擦臉上的汗水，轉身走向舷梯，把盒子送下來，領班簽完字，讓他再送上去時他有些憤怒了，他看看領班平靜的臉，盡力忍著不發作，又拿起盒子艱難一階一階地往上爬。當他上到最頂層時，渾身上下都溼透了，他第三次把盒子遞給主管，主管看著他，傲慢地說：「把盒子打開。」他撕開外面的包裝紙，打開盒子，裡面是兩個玻璃罐，一罐咖啡，一罐咖啡伴侶。他憤怒抬起頭，雙眼噴著怒火射向主管。主管又對他說：「把咖啡沖上。」年輕人再也忍不住了，「叭」他一下把盒子扔在地上，「我不做了！」說完，他看著扔在地上的盒子，感到心裡痛快了許多，剛才的憤怒全釋放了出來。這時這位傲慢的主管站起身來，直視他說：「剛才讓您做的這些，叫做極限訓練，因為我們在海上作業，隨時會遇到危險，所以要求隊員身上一定要有極強的承受力，承受各種危險的考驗，才能完成海上作業任務。可惜，前面三次你都通過了，只差最後一點點，你沒有喝到自己沖的甜咖啡。現在，你可以走了。」

有時，你的憤怒情緒將會阻止你做不好事情。成大事者是不會讓憤怒情緒所左右的。在關鍵時刻不能讓你的怒火左右情感，不然你會為此付出慘痛的代價。在現實生活中，也不乏因盛怒而身亡者。俗話說：「一碗飯填不飽肚子，一口氣能把人撐死。」人因怒而死亡的事屢見不鮮。承受痛苦壓抑了人性本身的快樂，但是成功往往就是在你承受常人承受不了的痛苦之

後，才會有所突破，實現最初的夢想。可惜，許多時候，我們總是差那一點點，因為一點點的不順而怒火中燒，這也正是很多年輕人的缺陷，正如上例，一點小事都承受不了，最後的結果只能是丟了自己的第一份工作。

「人生一世，草木一春」，短短的幾十年人生，何不讓自己活得快活一點，瀟灑一點，何必整天為一些雞毛蒜皮的小事生悶氣呢？如果遇到中傷或誤解的事，氣量大一點，裝裝糊塗，別人生氣我我不氣，一場是非之爭就會在不知不覺中消失，你也落得瀟灑，而等到最終水落石出，人家還會更加敬重你這個人。

宋朝初年一位名叫高防的名將，他的父親戰死沙場，16 歲時被澶州防禦使張從恩收養，後來做了軍中的判官。有一次，一個名叫段洪進的軍校偷了木頭做家具，被人抓獲。張從恩見有人在軍隊偷盜公物，不覺大怒。為嚴肅軍紀，下令要處死段洪進以警眾人。在情急之時為了活命的段洪進編造謊言，說是高防讓他做的。本來這點事也不至於犯死罪，張從恩對其的處理有些超過，高防是準備為其說情減罪的，但現在自己已被他牽連進去，失去了說話的機會，還讓自己蒙上不白之冤，能不氣嗎？但轉念一想，軍校出此下策也是出於無奈，想到憑自己與張從恩的私交，應承下來雖然自己名譽受損，但能救下軍校的性命也是值得的。所以張從恩問高防是否屬實，高防就屈認

遠離憤怒，做情緒的主人

了，結果軍校段洪進免於一死，可張從恩從此不再信任高防，並把高防打發回家。高防也不做任何解釋，便辭別恩人獨自離開了。直到年底，張從恩的下屬徹底查清了事情真相，才明白高防是為了救段洪進一命，代人受過。從此張從恩更信任高防，又專程派人把他請回軍營任職。雲開霧散之後，高防不但沒有喪失自己的生存空間，而且獲得了更多人的尊重。

現實生活中，讓人生氣的事是隨時可能發生的，但作為一個有頭腦的冷靜的人，為了更好生活和工作，理智處理各種不愉快，就需要控制憤怒，如果不忍，任意放縱自己的感情，首先傷害的是自己。如對方是你的仇人，有意氣你，你不忍氣制怒，保持頭腦清醒，就容易被人牽著鼻子走，中了人家的計，到頭來弄個得不償失的下場，比如三國時的周瑜就是一例。所以孔子雲：「一朝之忿，忘其身以及其親，非惑歟？」言下之意即因一時氣憤不過，就胡作非為，這樣做顯然是很愚蠢的。憤怒，表現的是理性的不健全。憤怒到極限時，最容易導致理性的喪失，說出本來不該說的話，做出本來不該做的事。所以要學會控制自己的情緒，不要輕易發怒。

如果你是一個易於憤怒卻不善於控制的人，建議你不妨拿一本憤怒日記，記下你每天的憤怒情況，並在每週作一個小總結。會使你認識到：什麼事情經常引起你的憤怒，了解處理憤怒的合適方法，從而使你逐漸學會正確疏導自己的憤怒。

第 9 章　好性格，好命運

人的一生，要遇到很多不平事，如果面對每件事都生氣，那麼人生就不會有什麼快樂所言。不憤怒，正是我們面對這些不平、不公的事所應有的態度，只有如此，生活才會幸福。

從憂鬱中走出來

憂鬱是一種消極而低落的情緒，人置身其中就彷彿處在陰暗的圍牆之中，無法體會到豁達的人生境界。

一個人若想成大事，就必須從憂鬱中走出來。若想改變某些人容易憤怒或急躁的性格，不是很困難，但是想改變他們憂鬱的心理卻不很容易。因為憂鬱代表一種消極的意識和自我折磨的心態。情緒控制能力不高者，很難走出憂鬱的陰影。

憂鬱瓦解了人們的意志，消耗了人們的精力。它不是單一的病症，它有很多種類型，其病型也各不相同。有些人的憂鬱是由家庭、人際關係或與社會隔絕等問題所造成的；有些人的憂鬱似乎與他們早期苦難的生活經歷有關；還有一些人的憂鬱與遺傳有關，使得他們具有憂鬱的易感性；更有人其憂鬱根源於某些生活上的事，諸如失業、住房、貧窮或重大的財產損失問題。我們對付憂鬱，需要各種治療方法和手段，不過對一個人有效的方法或許對另一個人無效。只有根據你的實際情況出發，才能得到徹底的恢復。

如果你想擺脫憂鬱，改變你的命運。那麼不妨根據你的情況，試試以下三種方法。

1. **合理安排日常生活**：憂鬱的人對日常必須參加的活動會感到力不從心。因此我們應對這些活動合理安排，以使它們能一件一件完成。以臥床為例，如果躺在床上能使我們感覺好些，躺著無疑是一件好事。但對憂鬱的人來說，事情往往並非這麼簡單。他們躺在床上，並不是為了休息或恢復體力，而是一種逃避的方式，因為沒有應當做的事。我們會為這種逃避而感到內疚。床看起來是安全舒適的地方，然而，長此以往，我們會更加糟糕。最重要的是，努力從床上爬起來，按計劃每天做一件積極的事情。

   一些憂鬱者常常帶著這樣的念頭強制自己起床：「起來，你這個懶蟲，你怎麼能整天躺在這呢？」其實，與之相反的策略也許會有幫助，那就是學會享受床上的時光，每週至少一次，你可以躺在床上看報紙，聽收音機，並暗示自己：這多麼令人愉快。你應當學會，在告訴自己起床的時候，不再簡單「強迫自己起床」，而是鼓勵自己起床。因為躺在那想自己所面臨的困難，會使自己感覺更糟糕。

2. **換一種思維方式**：對抗憂鬱的方式，就是有步驟制訂計畫。儘管有些麻煩，但請記住，你正訓練自己換一種方式思維。令人厭倦的事情沒有減少，但我們可以計畫做一些積極的活

動，即那些能給你帶來快樂的活動。如果你願意，你可以坐在花園裡看書、外出訪友或散步。有時憂鬱的人不善於在生活中安排這些活動，他們把全部的時間都用在痛苦的掙扎中。其實，我們需要積極的活動，否則就會像不斷支取銀行的存款卻不儲蓄一樣。積極的活動相當於你銀行裡有存款，哪怕你所從事的活動，只能給你帶來絲絲快樂，你都要告訴自己：我的存款又增加了。這樣你就會擁有一個良好的心態。

3. **豁達的人生態度**：不幸的人只記得不幸的內容，幸福的人則只記得一生中高興的事。

三伏天，禪院的草地枯黃了一大片。「快撒點草種子吧！好難看啊！」小和尚說。師父揮揮手：「隨時！」中秋，師父買了一包草籽，叫小和尚去播種。秋風起，草籽邊撒邊飄。小和尚喊：「不好了！好多種子都被吹飛了。」師父說：「沒關係，吹走的多半是空的，撒下去也發不了芽。」撒完種子，跟著就飛來幾隻小鳥啄食。小和尚急得喊道：「種子都被鳥吃了！」師父說：「沒關係！種子多，吃不完！」半夜一陣狂雨，小和尚一大早便沖進禪房說：「師父，這下可完了，好多草籽被雨沖走了！」師父說：「沒關係，沖到哪就在哪發芽了。」一個星期過去了，原本光禿禿的地面，居然長出許多青翠的草苗。一些原本沒有播種的角落，也泛出了綠意。

在漫長的旅途中，失意並不可怕，受挫折也無需憂傷。用
豁達的態度去迎接它，把艱難險阻當成是人生對你的另一種形
式的饋贈，坑坑窪窪也是對你意志的磨礪和考驗。有這種想
法，才不會終日鬱鬱寡歡，才不覺得人生太壓抑。懂得了這一
點，我們才能挺起剛勁的脊背，披著溫柔的陽光，找到充滿希
望的起點。

　　憂鬱者的自責在不幸事件發生或衝突產生時，他們認為這
全是他們自己的錯。當我們犯有過錯，或僅有一點過錯時，我
們出現承擔全部責任的傾向。然而，生活事件是各種情境的組
合。當我們憂鬱的時候，跳出圈外，找出造成某一事件的所有
可能的原因，會對我們有較大的幫助。我們應當學會考慮其他
可能的解釋，而不是僅僅責怪自己。

正直是成功的基石

　　法蘭克·洛伊·萊特（Frank Lloyd Wright）曾經對美國
建築學的師生們發表講話，他說：「什麼是一塊磚頭的名譽呢？
那就是一塊實實在在的磚頭；什麼是一塊板材的名譽呢？那就
是一塊名副其實的板材；什麼是人的名譽呢？這就是要做一個
正直的人。」

　　一個正直的人，會受到別人的歡迎和尊敬。所以擁有一顆
正直的心，對於做人來說是相當重要的。正直意味著高標準要

求自己，在英語中，「正直」一詞的基本詞義指的是完整。同樣，一個正直的人也不會心口不一，因為他不會撒謊，也不會表裡不一 —— 這樣他才不會違背自己的原則。正是由於沒有內心的矛盾，才給了一個人額外的精力和清晰的頭腦，使他更容易獲得成功。

正直的人，實際上意味著他有某種內在的規矩。一個人的言行舉止都反映著他的個性。而且正直有時可以創造出神奇的力量，這種力量是成功的基石。

許多年前，一位作家在一次倒楣的投資中，損失了一大筆財產，瀕臨破產，他打算用他所賺取的每一分錢來還債。三年後，仍在為此目標而不懈努力。為了幫助他，一家報紙組織了募捐，許多人都慷慨解囊，這是一個誘惑 —— 接受這筆捐款將意味結束這種折磨人的負債生活。然而，作家卻拒絕了，他把這些錢退還給了捐助人。幾個月之後，隨著他的一本轟動一時的新書的問世，償付了所有剩餘的債務。這位作家就是馬克·吐溫。

在美國的工業社會中，很多人所面臨的競爭是嚴峻的。一年接著一年，企業家們調查年輕人在學校裡的成績，審查他們的申請，為符合理想的人們提供特殊的優越條件。大腦、精力、能力，這些都是他們實際上所尋求的，因為這一切都是需要的。但這些只能讓一個人獲得某種程度的成功，如果他要攀

正直是成功的基石

上高峰，擔當起指揮決策的重任，卻需要最重要的品格：正直。正直使人們擁有堅持原則和正義的力量。這一點包括有能力去堅持你認為是正確的事，在需要的時候義無反顧，並能公開反對你確認是錯誤的事。

一位護士剛從學校畢業，在一家醫院實習，實習期為一個月，在這一個月內，如果能讓對方滿意，她就可以正式獲得這份工作，否則，就得離開。

有天送來了一位因遭遇車禍而生命垂危的人，實習護士被安排做外科手術專家 —— 該院院長亨利教授的助手。複雜艱苦的手術從清晨進行到黃昏，眼看患者的傷口即將縫合，這位實習護士突然嚴肅盯著院長說：「亨利教授，我們用的是 12 塊紗布，可你只取出了 11 塊。」「我已經全部取出來了，一切順利，立即縫合。」院長頭也不抬，不屑一顧回答。「不，不行。」這位實習護士高聲抗議到：「我記得清清楚楚，手術中我們用了 12 塊紗布。」院長沒有理睬她，命令道：「聽我的，準備縫合。」這位實習護士毫不示弱，她幾乎大叫起來：「你是醫生，你不能這樣。」直到這時，院長冷漠的臉上才露出欣慰的笑容。他舉起左手裡握的第 12 塊紗布，向所有的人宣布：「她是我最合格的助手。」

他在考驗她是否正直 —— 而她具備了這一點。這位護士後來理所當然的獲得了這份工作。沒有任何人能勉強你服從自己的良知。然而，不管怎樣，一位正直的人是會做到這些的。

第9章　好性格，好命運

　　第二次世界大戰期間，當盟軍的部隊正設法衝出敵人的包圍時，一位美國陸軍上校和他的吉普車司機拐錯了彎，迎面遇上了一個德軍的武裝小分隊。兩個人跳出車外，迅速隱藏起來。司機躲進路邊的灌木叢裡，而上校則藏在路下的溝中。德國人發現了司機並向他的方向開火。上校本來不容易被發現，然而，他卻寧願跳出來還擊──用一把手槍對付幾輛坦克和機關槍。他被殺害了。這個司機被捕入獄。後來，他對人們講了這個故事。為什麼這位上校要這樣做呢？因為他的責任心強於他對自己安全的關心，儘管沒有任何人勉強他。

　　這一點難做到嗎？的確很難。這就是為什麼真正正直的人是難能可貴的。正直使人具備了冒險的勇氣和力量，他們歡迎生活的挑戰，絕不會苟且偷生，畏縮不前，一個正直的人是有把握並能相信自己，因為他沒有理由不信任自己。正直表現為堅持不懈追求自己的目標，拒絕放棄自己堅忍不拔的精神。

　　正直的人能夠平靜對待人生道路上的風風雨雨。亞伯拉罕‧林肯（Abraham Lincoln）在 1858 年參加參議院競選活動時，他的朋友警告他不要發表演講。但是林肯答道：「如果命裡注定我會因為這次講話而落選的話，那麼就讓我伴隨著真理落選吧！」他是坦然的。他確實落選了，但是兩年之後，他就任了美國的總統。

　　正直還會給一個人帶來友誼、欽佩和尊重。人類之所以充

滿希望，其原因之一就在於人們似乎對正直具有一種近乎本能的吸引力。

怎樣才能做一個正直的人呢？答案有很多個。其中重要的一個是：在小事上做到完全誠實。當你不便於講真話的時候，不要編造謊言，不要去重複那些不真實的流言蜚語。

這些聽起來可能是微不足道的，但是當你真正在尋求正直並且開始發現它的時候，它本身所具有的力量就會令你折服。我們會明白，幾乎任何一件有價值的事，都包含著它自身不容違背的正直的內涵，這些將使你成功做人，並以自己的正直和良心為驕傲。

正直，就是有責任感，說真話，做實事，對於任何事物，既心態平和又堅持原則。它是做人最基本的一條準則，是做人的一種美德。只有具備這種性格的人，才不會違背自己的良心。

戰勝自身的各種弱點

有位作家說得好：「自己把自己說服了，是一種理智的勝利；自己被自己感動了，是一種心靈的昇華；自己把自己征服了，是一種人生的成熟。大凡說服了、感動了、征服了自己的人，就有力量征服一切挫折、痛苦和不幸。」人只有打敗自己才能成功，人生最大的挑戰就是挑戰自己，這是因為其他敵人都容易戰勝，唯獨自己是最難戰勝的。

第9章　好性格，好命運

　　有一個學業成績優秀的青年，去報考一家大公司，考試結果名落孫山。這位青年得知這一消息後，頓生輕生之念，幸虧搶救及時，自殺未遂。不久傳來消息，他的考試成績名列榜首，是統計考分時，電腦出了差錯，他被公司錄用了，但很快又傳來消息，說他又被公司解聘了，理由是一個人連如此小小的打擊都承受不起，又怎麼能在今後的崗位上建功立業呢？

　　這個青年雖然在考分上擊敗了其他對手，可他沒有打敗自己心理上的敵人，他的心理敵人就是懼怕失敗，對自己缺乏信心，遇事自己給自己製造心理上的緊張和壓力，因此才造成了這樣的結果。打敗心理上的敵人，戰勝自己，就是要求你在困境中揚起自信的風帆，再堅持一下，否則你就會不幸淪入失敗的泥沼而後悔莫及。

　　李梅今年 26 歲，她在大學裡的成績很好，但總是對自己缺乏信心。1999 年 1 月底，經過充分準備的李梅，懷著忐忑的心情，走進了碩士研究生考場。第一天的英語和政治的答題順利，稍稍緩解了她緊張的心緒，但第二天，剛發下高等數學試卷時，她看到一半多是陌生的題目，李梅心想這下完了……交卷時間到了，望著只答了一半的試卷，她哭了。雖然剩下的考試對每個考生來說都相對比較容易，但她認為自己沒有必要參加剩下的兩門課程的考試了，懷著失落的心情，悄悄離開了考場。可是以後的事更加令她傷心和遺憾了，雖然數學只考了 48

戰勝自身的各種弱點

分，而當年所有考生的平均成績只有 37 分，而且她的英語和政治成績都不錯，如果李梅堅持參加所有科目的考試，肯定被錄取了。李梅受到了強烈的刺激，精神有些失常，失去了深造的機會。

如果李梅能打敗心理上的敵人，以正向的思維方式考慮問題，不中途放棄考試，她將是一名碩士研究生了。可是卻由於缺乏正向的思維和積極的人生態度，造成了本可避免的悲劇，由此可見，戰勝自己，對自己充滿信心是多麼的重要。

在追求成功的道路上，我們發現有人成功和失敗。這其中的主要原因就是：前者被自己打敗了，而後者卻能打敗自己。

有一位撐杆跳的選手，一直苦練都無法越過某一個高度。他失望對教練說：「我實在是跳不過去。」教練問：「你心裡在想什麼？」他說：「我一直衝到起跑線時，看到那個高度，就覺得我跳不過去。」教練告訴他：「你一定可以跳過去。把你的心從竿上跳過去，你的身體也一定會跟著過去。」他撐起竿又跳了一次，果然越過。

信心可以超越困難，可以突破阻撓；信心可以粉碎障礙，終會達成你的期望。但你要明白的是，一個人要挑戰自己，打敗心理上的敵人靠的不是投機取巧，不是要小聰明，靠的是信心。

1952 年，世界著名的游泳好手弗洛倫絲・查德威克（Florence May Chadwick）從卡德林那島游向加利福尼亞海

279

灘。兩年前，她曾經橫渡過英吉利海峽，現在她想再創紀錄。這天，當她游近加利福尼亞海岸時，嘴唇已凍得發紫，全身一陣陣打寒顫。她已經在海水裡泡了 16 個小時。遠方霧靄茫茫，使她難以辨認伴隨著她的小艇。她的心理漸漸感到了失望。這種心理狀態讓查德威克感到難以堅持，她向小艇上的朋友請求：「把我拉上來吧。」艇上的人們勸她不要向失敗低頭，要她再堅持一下。「只有一英里遠了。」他們告訴她。濃霧使她難以看到海岸，但是這時候，她已經被自己心理上的敵人擊垮了，她已經沒有力氣了。「把我拖上來。」她再三請求著。於是冷得發抖、渾身溼漉漉的查德威克被拉上了小艇。後來她告訴記者說，如果當時她能看到陸地，她就一定能堅持游到終點。大霧使她失去了最後的勝利。這件事過後她意識到，事實上妨礙她成功的，不是大霧，而是她內心的思維。是她自己消極地讓大霧擋住了視線，先是對自己失去了信心，然後才被大霧給俘虜了。如果她當時能以正向的思維方式去考慮問題，打敗心理上的消極思想，那麼成功就是屬於她的。兩個月後，查德威克又一次嘗試著游向加利福尼亞海岸。濃霧還是籠罩在她的周圍，海水冰涼刺骨，她同樣望不見陸地。但這次她堅持著，她知道陸地就在前方。她奮力向前游，因為她知道，只有戰勝了自己，才能取得成功。積極去拼搏奮鬥，她終於明白了信念的重要性，最終取得了成功。

　　每個人做任何事情，都要確立具體的目標，要實現這些目標，首先你必須相信自己能夠做到。千萬不要讓形形色色的霧迷住了你的眼，不要讓霧俘虜你。困難都是暫時的，只要充分相信自己，打敗心理上的敵人，終能等到雲開霧散的那一天。

　　人與人之間，弱者與強者之間，成功與失敗之間最大的差異就在於是否能夠戰勝自己，對自己充滿信心。人一旦有了這種意志，就能戰勝自身的各種弱點。有了戰勝自己的力量，就具備了勇於挑戰自己的素質，就能做成在這個世界上能做的任何事情。

不斷提升自己，不斷改變自己

　　一個優秀的人總善於和自己較勁，永不滿足。這種永不滿足的性格能夠激勵你不斷取得成功。激勵你從弱者變成強者，從貧窮走向富裕，從失敗走向成功。

　　有一位名叫湯姆的人，畢業後去了紐約，找了一份好工作，又娶了一位好太太，生活非常美滿。一次他的大學同學到紐約出差，順便去看他。他帶著同學到大飯店去用餐。他的同學對他說：「都是老同學了，隨便找個地方吃點就行了。」他看出來老同學的意思，怕這裡消費不起，便說道：「我不是打腫臉充胖子，到這個地方來對你我都有好處。你只有到這個地方來，才能知道自己的包裡錢少，你才能知道什麼是有錢人來的

地方，你才會努力改變自己的現狀。如果你只是去小餐館，永遠也不會有這種想法。我相信只要努力，總有一天，我會成為這裡的常客。」

這些話有一定的道理，人只有不滿足自己的現狀，才會產生出動力，去改變自己。如果滿足自己已經取得的現狀，你就不會有所成就了。

美國某鐵路公司總經理，年輕時是一個三等列車上的工人，週薪只有 12 美元。有一個老工人對他說：「你不要以為做了列車工人，就覺得了不起。告訴你，你想當車長，還得好幾年呢。到那時你才可以趾高氣揚，享受一週 100 美元的待遇。」沒想到這位年輕人不在乎地說：「你以為我做了車長就滿足了嗎？我還準備做公司的總經理呢！」正因為這位年輕人不滿足於現狀，最終實現了他的願望。

社會競爭日趨劇烈，工作情形日益複雜，所以你必須要接受充分的工作訓練以提高你的技能，來應對公司的變化。如果你滿足現狀，不思進取，那麼不僅不能使自己的命運向更好的方向發展，可能會使你在不遠的將來無法生存。

不滿足於現狀，不為眼前的成功而沾沾自喜，這就是進取心。只有不滿足才能繼續奮鬥，只有不驕傲才能看清方向。做到了這兩點，人生的成功就不難實現。只要你留意就會發現，每一個成功者都有著勇往直前，不滿足於現狀的進取心。可以

說，他們沒有人對自己取得的成就沾沾自喜，大多數人都表示要繼續努力。這就是一種進取心，是推動人們進行創造的動力。

不滿足的進取心，是你實現目標不可少的要素，它會使你進步，使你受到注意並且會給你帶來不斷成功的機會。不滿足現狀是一種極為難得的美德，它能驅使一個人主動去做應該做的事。對於一個有進取心的人來說，即使屢遭失敗但仍舊十分努力。因為，只有能克服不可思議的障礙及巨大的失望的人才能獲得巨大的成功。

不滿足是工作的動力，有了這個動力，你就能夠克服所有的困難，不斷提升自己，不斷改變自己，實現自我價值。不滿足的品格正是敢於和自己較勁的展現。

有勇氣的人才能享受成功的光榮

在我們的人生路上，總要經歷無數的選擇，在每一個決定人生去向的轉捩點，都存在著很大的風險。我們想贏得自己希望得到的東西，就不得不進行必要的投入，有時包括冒生命危險。而那些做事畏首畏尾的人不會得到自己想要的東西的，尤其是在這個快速變化的世界裡，畏首畏尾的人很難跟上現代人的步調。相反，遇事敢於放手一搏，敢於做決定的人往往能緊握命運的韁繩，爭取自己想要的一切事物，在人生的旅途中縱情馳騁，一路高歌。世上每一個有榮譽和利益的地方，都存在

第 9 章　好性格，好命運

著風險。風險和利益並存。改變的結局只有兩種：成功或者失敗。倘若成功，我們得到的是夢寐以求的東西和欣慰；而失敗則不過是孤注一擲後的無奈，外加上撞倒南牆再回頭的經驗教訓。但只要你為你的目標敢於放手一搏，無論結果如何，你都是有收穫的。

1965 年，美國波音公司準備斥鉅資研製波音 747 寬體客機。在決策會上，一位董事說：「一旦發現情況不妙，我們還可以放棄這項計畫。」董事長威廉・艾倫強硬地說：「放棄？如果波音公司說我們將製造這種飛機，那麼我們就得製造這種飛機，哪怕把整個公司的資金都耗盡。」研製過程中，一位來訪者問艾倫：「如果研製出來的第一架飛機剛起飛就墜毀了，你該怎麼辦呢？」艾倫沉思了一會，幽默地說：「我寧願談點令人高興的事，比如發生一場核戰爭。」

艾倫的話意味深長：自己投入幾乎全部財力研製的飛機剛起飛就墜毀的可能性是存在的，就像發生核戰爭的可能性存在一樣。難道因為有發生核戰爭的可能而終日生活在恐懼中嗎？不為可能的風險而恐懼，正是成功人士挑戰風險的祕訣。他們無一例外具備這種敢於放手一搏的品格，正如愛迪生所說：「不要試圖用語言證明你是什麼樣的人，你是否有成就在於你是否有行動的習慣，一種是畏首畏尾，它決定了你永遠沒有成功的機會；另一種是敢拼敢闖，它注定你腳下的路必然通向羅馬。」

有勇氣的人才能享受成功的光榮

威廉‧奧斯勒（William Osler）學生時代的生活就充滿憂慮，做什麼事情都瞻前顧後，畏首畏尾。一次偶然的機會，他讀了詹姆士‧卡萊維（James Clavell）裡的一本書，其中有一句話——「最重要的就是不要用過去的陰影看遠方模糊的未來，而要毫不猶豫做手邊清楚的事。」就是這句話造就了他日後敢於放手一搏的品格，使他成為那個時代最有名的醫學家，他創建了全世界知名的約翰‧霍普金斯學院，成為牛津大學醫學院的欽定講座教授，這是英國學醫的人所得到的最高榮譽，他還被英國國王加封為爵士，後來他把自己的成就解釋為「用鐵門把過去和未來割斷，在完全獨立的今天裡用百倍的勇氣做自己想做的事。」這句話影響了他所有的學生和成千上萬的英國青年。

在這個世界上，人生最美好的部分是過程，是活得朝氣蓬勃，還是萎靡不振，這全在你自己。因為世界上有許多無法預知的東西，充滿了風險和不確定性，有些風險一旦成為現實，足以導致生命的喪失。但是，我們若想贏得自己希望得到的東西，就不得不進行必要的投入，有時包括要有很大的勇氣去冒險，敢於放手一搏，你才能獲得人生最大的收穫。

1862 年，諾貝爾開始了對硝化甘油的研究。這是一個充滿危險和犧牲的艱苦歷程。死亡時刻都在陪伴著他。在一次進行炸藥實驗時發生了爆炸事件，實驗室被炸得無影無蹤，5 個

助手全部犧牲，連他最小的弟弟也未能倖免。這次驚人的爆炸事故，使諾貝爾的父親受到十分沉重的打擊，沒過多久就去世了。他的鄰居們出於恐懼，十分反對諾貝爾的實驗，紛紛向政府控告諾貝爾，此後，政府不准諾貝爾在市內進行實驗。但諾貝爾百折不撓，他把實驗室搬到市郊湖中的一艘船上，繼續實驗。經過長期研究，他終於發現了一種非常容易引起爆炸的物質——雷酸汞，他用雷酸汞做成炸藥的引爆物，成功地解決了炸藥的引爆問題，這就是雷管的發明。它是諾貝爾科學道路上的一次重大突破。

破山開道、河道挖掘、鐵路修建及隧道的開鑿，都需要大量的烈性炸藥，所以硝化甘油炸藥的問世受到普遍歡迎。但這種炸藥存放時間一長就會分解，強烈的振動也會引起爆炸，在運輸和貯藏過程中曾發生了許多事故。瑞典和其他一些國家發布禁令，禁止任何人運輸諾貝爾發明的炸藥，並明確提出要追究諾貝爾的法律責任。但是諾貝爾沒有被嚇倒，他又在反覆研究的基礎上，發明了以矽藻土為吸收劑的安全炸藥。兩年以後，一種以火藥棉和硝化甘油混合的新型膠質炸藥研製成功。新型炸藥不僅有高度的爆炸力，而且更加安全，在科技界受到了普遍重視。諾貝爾在已經取得的成績面前沒有停步，當他獲知無煙火藥的優越性後，又投入了混合無煙火藥的研製，並在不長的時間裡研製出了新型的無煙火藥。

有勇氣的人才能享受成功的光榮

　　在我們的人生路上，總要經歷無數的選擇，在每一個決定人生去向的轉捩點，都有著很大的風險。雖然眼前可能有幾條路，可選擇哪一條都是一種冒險，一種嘗試。如果選擇原地不動，就等於放棄，等於失敗。只有走出去，才會有收穫，才會進步。我們要生存，要前進，就要學會選擇，就要學會敢於放手一搏。

　　畏首畏尾不能幫你解決任何問題，它只能白白消耗你的時間和精力。而時間和精力對於一個人來說是最有價值的財富，況且，它們一旦白白被消耗掉，便無法補救。你若想成功，就要敢於放手一搏，這樣才能讓你穩穩執掌你的人生之舟，乘風破浪，勇往直前駛過暗礁和險灘，抵達勝利的彼岸。

電子書購買

國家圖書館出版品預行編目資料

大腦需要叛逆期：事情陷入僵局？推翻固有思
路，嘗試不按牌理出牌，就能收獲意想不到的
成功！/ 徐定堯，劉東著 . -- 第一版 . -- 臺北市
：崧燁文化事業有限公司 , 2022.10
　　面；　公分
POD 版
ISBN 978-626-332-745-0(平裝)
1.CST: 思考 2.CST: 成功法
176.4　　　111014388

大腦需要叛逆期：事情陷入僵局？推翻固有思路，嘗試不按牌理出牌，就能收獲意想不到的成功！

臉書

作　　　者：徐定堯，劉東

發 行 人：黃振庭

出 版 者：崧燁文化事業有限公司

發 行 者：崧燁文化事業有限公司

E - m a i l：sonbookservice@gmail.com

粉 絲 頁：https://www.facebook.com/sonbookss/

網　　　址：https://sonbook.net/

地　　　址：台北市中正區重慶南路一段六十一號八樓 815 室

Rm. 815, 8F., No.61, Sec. 1, Chongqing S. Rd., Zhongzheng Dist., Taipei City 100, Taiwan

電　　　話：(02) 2370-3310　　　　傳　　　真：(02) 2388-1990

印　　　刷：京峯彩色印刷有限公司（京峰數位）

律師顧問：廣華律師事務所 張珮琦律師